JN439709

삶의 한 곁에 서서

수류 채남식 시선집

삶의 한 곁에 서서

동행

마지막에 쓴 머리글

지난 몇 년 동안
생각나는 대로 적어본 글

낯설지 않은
쉬운 말들로 쓰고 싶었지만
곱지 않고
성기고 반드럽지 못한데다
앞뒤가 고르지 못한 곳이 많은 글

하지만 나름의 고집으로
내 딴에는 심신을 다한 글이오니
한 줄이라도 읽어주시면
감사할 따름

읽지 않으셔도
세상에 변할 것 하나 없지만
너나없이 읽어주신다면
저의 세상이 변할 것입니다.

CONTENTS

마지막에 쓴 머리글 _5

제1부 흔적

흔적 _13
방황 _14
길 _15
탈 _16
맞고 산다 _17
내 못 드는 잠 _18
나 _19
그림자여! 미안하다 _20
차라리 미워할지언정 _21
복숭아 _22
그 봄에 _23
긴 꼬리딱새의 둥지 _24
유해조수 _25
복날 _26
순결 _27
영원의 시간 _28
물수제비 _29
해탈(解脫) _30
꽃의 부동산 투자 _31
상사화 2 _32
하루살이 _33
살사리꽃(코스모스) _34
네 잎 클로버 행운찾기 _35

편지 _ 36
건빵 _ 37
어둠 _ 38
손자 _ 39
몸으로 가르쳐 주는 사랑 _ 41
얼뜨기 _ 42
담쟁이넝쿨 _ 43
써보고 싶은 시 _ 44

제2부 수류

수류(水流) _ 47
이름 _ 48
난청(難聽) _ 49
삼복이 지났다고 _ 50
촛불 _ 51
팽 _ 52
가 닿을 수 없는 내일 _ 53
사람 대접 _ 54
망고 _ 55
횡설수설(橫說竪說) _ 56
비 내리는 밤이면 _ 57
처음 가보는 길 _ 58
사랑의 시작 _ 59
국화차 _ 60
물속에서는 _ 61
밥솥 _ 62
새 구두 _ 63
지렁이 _ 64
보리건빵 _ 65

제비 _66
어느 여름날 아침 _67
누가 목 놓아 울면 _68
탑돌이 _69
겨울 하늘 _70
더 외롭다 _71
동병상련 _72
참 빛 _73
내숭일까? _74
우물 _75
잔치 뒤끝 _76
허무 _77
돌멩이 _78
꼭두각시 _79
목줄(necktie) _80

제3부 약속한 수람아

겨울 빨래 _83
꽃이 진 자리 _84
시(詩) _85
밤마을 _86
장난감 가게 _88
사춘기 2 _89
버마재비 _90
짝사랑 _91
그림자여 미안하다 2 _92
낮달 _93
빗방울 듣는 소리 _94
약속한 수람아 _95

아득한 하늘 _ 96
누에고치 _ 97
雪中梅 _ 99
길 _ 100
어떤 생각 _ 101
있는 이의 행복 _ 102
낚시꾼 _ 103
정물(靜物) _ 104
가속기를 밟는 이유 _ 105
할머니 _ 106
그림자여! 미안하다 4 _ 107
스쳐지나가는 것들이 아름답다 _108
보고 싶다, 정말 _ 109
시든 꽃 _ 110
짝사랑 2 _ 111
짝사랑 3 _ 112
금요일에 만나는 여자 _ 113
잃어버린 한 구절 _ 114
짝사랑 4 _ 115
짝사랑 5(어리석은 사랑) _ 116
짝사랑 6(하얀 편지) _ 117
짝사랑 7 _ 118

제4부 네 생각이 난다

네 생각이 난다 _ 121
입춘 _ 122
겨울 꽃 _ 123
술 먹은 개 _ 124
따뜻한 손 _ 125

좌우명(座右銘) _ 126
진달래꽃 _ 127
겨울나무 _ 128
어머니 수제비 _ 129
지금도 그게 궁금하다 _ 130
영산홍, 막걸리를 좋아해 _ 131
양버즘나무 _ 132
사흘은 더 살고 싶다 _ 133
속 귀거래사 2 _ 134
알다가도 모를 일 _ 135
산당화 _ 136
상이군경 _ 137
망발(妄發) _ 139
짝사랑 9 _ 140
허무 2 _ 141
가로수 밑동만 남은 사연 _ 142
달개비를 아느냐 _ 143
천재 _ 144
나뭇잎 _ 145
가을 장미 _ 146
사랑을 놀이로 하자던… _ 147
죽음, 그리고 사랑 _ 148
길 아닌 길 _ 149
일주일이 남았다면* _ 150
씨 없는 감 _ 151
삭감말(石間洞) _ 152
시란 이름의 어려운 시 _ 153
윤회(輪廻) _ 155

■ **跋文** – 행운을 펴는 시상, 행복을 주는 시인 / **증재록** _ 156

제 1 부

흔적

흔적

빛의 반사와 굴절이 색을 빚는다

떠오른 시상이 무언가
심각한 이야기가 쓰여질 것 같았으나
막상 한 줄 써 놓고 보니
그저 평범한
남들 하는 짓거리 나도 하면서
한 발작도 사람 사는 일에서 벗어난 적 없는
웃고 울고 살아온
내 인생에 심각할 게 없다

지구상엔 사람 수보다 더 많은 모래알이 있고
우주엔 그 모래알보다 몇 배나 많은 별이 있단다
내 삶에 어떤 의미를 찾는다는 것
하찮고 부질없는 일

싫어도 가야 할, 정해진 길을 가고 보면
눈여겨봐도 뵈지 않을 속옷에 번진
작은 얼룩만도 못할 흔적일 뿐이지만
이 한 세상 살아볼 수 있었다는 것
나는 행복하다

방황

바람은 산으로 부는데
물은 산을 내려와
바다로 간다

더 채울 것이 없다고
산으로 높이
하늘에 오르는 바람
아직도 빈자리가 너무 넓다고
바다로, 낮은 곳으로만
흘러가는 물

이리도 저리도 못 가고
헤매 도는 나

이제는 끝내야 하는 길

오르지도 내리지도 말고
외로울지언정
굳건히
버티고 서 있어야 할 시간

길

입학하는 새내기들이나 학사모를 벗는 졸업생들이나 낯선 길 위에 헤매기는 마찬가지다 항상 새로움에 부딪쳐 두렵기 마련 속으로 겁먹은 우울증에 시달리면서도 겉으론 희망으로 철벽같은 도배를 하고 공상으로 우스꽝스러운, 날밤을 지새우면서 불면의 배를 함께 타고 번민의 노를 젓는다

속이 겉보다 튼실하면 촌스럽고 겉이 속보다 화사하면 뺀질이 같다 때로 길 잃은 염소 울음 같은 마른 눈물 찔끔한 방울 떨어뜨려 놓고 제 앞에 닥친 길 위에 사라져버린 빛으로 마냥 더듬는 삶들이 애처롭다 버려진 것도 선택된 것도 아니지만 모두 제각각 같은 길을 간다

상처받고 후회하면서 그러나 결코 (   ) 포기 할 줄 아는 자는 극히 드물다

탈

나는 어느 날 탈
누군가가 준 탈을 뒤집어썼다
탈은 우스꽝스럽게 생겨서
벗어버리고 싶었지만 나는 그러지 못했다
누군가가 벗겨주려니만 여겼다

결국 나는 평생을 그 탈을 쓰고 살았다
때로 울고 웃으며
비도 눈도 맞고
밝은 햇살 아래 뜀박질도 하고
맑은 달빛 아래 춤도 추면서

탈은 점점 낡아 갔고
때도 끼어서 볼품없어졌으나
어느 날 들여다본 거울 속에는 탈이 된 나
내가 된 탈이 빙그레 웃고 있었다

이제는 결코 벗어버리고 싶지 않은
벗어버릴 수 없는 탈

맞고 산다

어깨 죽지가 아파서
정형외과엘 갔더니 한
달이나 됐어도 아픈 어깬
그 타령이고 그 의사 어떻게
내 엉덩이가 예쁜 건 귀신처럼
알아서 매번 간호사아가씨에게
엉덩이를 까보여 주고 가란다
내 탐스런 엉덩이가 샘이나
는지 천사 같은 간호사는
그 예쁘고 하얀 손을
펴서 아으 예쁜 – 것
찰싹 때리 고는 따끔
하니 바늘 콕 찌른다
기분이 그 렇게 나쁜
것은 아니 지만 나이
들어서도 탐스럽고
예쁜 엉 덩이를 가
진 내 팔자 간
호사 예쁜
손에 찰싹 맞고 산다

내 못 드는 잠

뼈마디 사이로 네가 흘러 다니는 사이 마음은 사막을 훑는 바람처럼 건조했지만 내 못 드는 잠 속으로 장마철 말린 오징어 가죽처럼 구린 아픔들이 잇 사이에 낀 여인들의 수다처럼 흘렀다

하늘을 나는 기러기들은 저수지 바닥의 진흙을 떠서 울음을 짓고 그 진흙 바닥에 새겨 논 이별의 간곡한 아픔들, 이별은 헤어지는 것이 아니라 뼈 속으로 스며드는 것, 먼동이 트는 아침의 가로등처럼 외롭다

다양한 울음이 채색된 동틀 녘의 길어진 그림자들이 바람이 스쳐간 자국들처럼 말갛게 잦아들어 몸 안으로 배어드는 길 위에 햇살로 피어난다 구름 속 달이 가듯 구린 내 아픔이 다시 뼈마디를 훑는다

나

길거리 오가는 수많은 사람들 중 하나
시장통 누비다 어깨를 부딪치고 지나가는
가고 오는 버스터미널에서 만나는
평범한 사람들 중 하나

한 여자의 남편, 한 아이의 아버지
하루 세끼 밥벌이와
마누라 잔소리를 걱정하며
늘어나는 백발에 까만 염색을 하고
거울을 들여다보며 미소 짓는
별날 것도 없고 별다른 것도 없는
그저 그런 사람

꿈은 많았어도 무엇 하나 이룬 것 없고
별나고 싶어 속으로 안달이지만
남들이 하는 짓거리만 보고 하는
무엇 하나 특이하게 잘하는 것도 없는 보통 사람

이건 잘 안될 꺼야
해보지도 않고 포기하기를 잘하는
길거리에 널린, 그건 바로 나, 나.

그림자여! 미안하다

세상은 짧게 한번만 사는 거니
내 그림자가 나를
부끄러워하지 않도록 살고 싶었더라
자고나면
맑은 이슬에 촉촉해진
상쾌한 푸른 바람 생기에 가득 찰 때
내 그림자 길게
앞서가며 마냥 즐거워했지
삶에 허덕이다보면
헛된 욕심에 이리저리 뒤뚱대다보면
어느새 내 그림자 부끄러워 옴츠리고
민망해서 웅크리다가
끝내는 발밑으로 숨어들고 만다
결국 실망한 내 그림자는
내 가는 반대편으로 한없이 처져서
마침내 날 외면해버리고
내 시름을 깊게 해 준다
짧은 평생을 살면서 수도 없이 저지른
많은 부끄러운 일
그림자여! 미안하다

차라리 미워할지언정

들에 산에, 흐르는 물속, 바다 깊숙이
꽃은 피어 스스로 제 이름을 짓지 아니하거늘
모르는 것 없는 어느 시인이
애기똥풀 꽃 이름도 모르면서 시를 쓴다고
타박이다

애기똥풀이면 어떻고
며느리미씨깨라 하면 또 어떠랴
꽃은 이름을 지어 달라고 피는 것이 아니라
사랑해 달라고 핀다
사랑하지 못하면 미워라도 해 달라고

내려서 놀다가는 빛살이 좋고
가지를 꺾으며 지나가는 바람이라도,
쏟아져 흩뜨리는 소나기라도 좋다
헤집고 팔랑대는 벌 나비면 더 좋다

이름은 모를지라도
억세고 거친 손길로라도
보듬고 사랑하는, 차라리 미워할지언정
꺾어주고 떠나가는 이를 기다린다

복숭아

봄은 멀리 수줍은 몸을 꼬고 있는데
복숭아나무 가지, 왜 그렇게 핏빛으로
붉게 달아오르는지 몰랐습니다
다음 한 생을 위해
땅속으로 번지는 봄기운을 모으고
겨우내 추운 하늘 기밀(機密)을 받아
갈무리한 탓인 걸 몰랐습니다
흐드러지게 피는 복숭아꽃이 그저 아름답다 했을 뿐
살아 있는 것들의 활기 차고 생생한
기운을 받아 모으는 것인 걸 몰랐습니다
솜털 보송한 앳된 소녀의 봉긋한 가슴처럼
여리고 싱싱하면서도
화사하고 풍만한 여인네같이 노릇한
터질 듯 탐스럽게 익은 복숭아
지기(地氣) 천기(天氣) 생기(生氣)를 받아 삭혀낸
천지자연의 이치인 줄 몰랐습니다

과즙 배어나는 말간 속살을
사정없이 한 입 가득 베어 물어 맛있게
맛깔스럽게 먹는 것만이
천지자연의 도리인 것을 이제 알겠습니다

그 봄에

찬바람 속, 숨결에 스민 온기가
그녀를 흔들었지 살포시

놀라 뜬 눈길에
노란 개나리 떼가 쫑알거렸어
어젯밤까지도 옹송그렸던 그녀
옆집으로, 옆집으로 문자를 띄웠지
얘들아, 기다리던 바람이 왔어

다음날 아침 무심천 벚꽃이 활짝
바람을 마중하고 있었어

인편에 들리는 소리
화사한 웨딩드레스 같던 흰 목련
철쭉꽃 빛 햇살에 짓무른다고
그만 그녀는 하얗게 바래버렸지
바람 따라 흩날렸어
몰려나온 유치원 아이들 같은 영산홍
꽃봉오리들이 재잘거렸지

양지쪽 담쟁이장미 잎이 파랗게 들떠 있었어

긴 꼬리딱새의 둥지

나무, 비스듬히 뻗어 오른 우듬지
곁가지 진 틈새에
여름 철새, 긴 꼬리딱새의 둥지가 있다

제 몸뚱이 두 배가 넘는
긴 꼬리를 달고도
이끼를 물어 나르고 질긴 풀뿌리를 캐고
거미줄을 걷어다가 정성으로
빚어 올린 찻잔 같은 집

수천 리 여름을 날아와
저 살 곳이 아니라 제 몸을 나눠
후생을 살아줄 새끼들에게 바치는 정성이다
가을이 오면 먼 길을 떠나야 할
새끼들에게 바치는 사랑이다

포근하다
아름답고 튼튼하나 긴 꼬리만큼이나
서러움이 안개처럼 서렸다

유해조수

체육대회 같은 커다란 행사 때엔 빠지지 않고
수백 마리 비둘기가 창공을 날고
평화로운 비행에
사람들은 환성을 지르고 박수를 쳤다
아껴주는 사람들을 무서워 않게 된 비둘기
사람 가까이서 날개를 퍼덕여 병든 깃털을 날리고
애써 세운 동상의 머리나 어깨
냇물을 가로지른 다리 난간
건물의 턱받이에 마구 배설물을 허옇게
처발라 놓았어도
평화의 상징에 취해 눈감고 살았다
너무 많아진 비둘기, 어느 날
전신주에 집을 짓는 까치처럼 유해조수에 포함됐다
옛날 전쟁이 한창이던 배고픈 시절
사이나 든 콩을 먹고 죽은 산비둘기
호박잎에 싸고 황토를 발라
담배건조실 아궁이에 구워 먹던
문득 그 생각이 떠오른 건
평화가 날아가고 나면 먹잇감
자연은 사람을 귀찮게 하면 안되느니
비둘기여 사람을 두려워하는 것을 배워라

복날

옛날 시골 동네엔
집집마다 누렁이나 검둥이를 키웠다
순해빠져서 낯선 사람이 와도
힐끗 한 번 쳐다보고
꼬리 한 번 탈탈 쳐 반갑다 하곤
앞발을 쭉 뻗어 혀 길게 늘여 뺀
대가리를 얹어 놓고는 눈을 감아 버린다
지레 겁먹고 속으로 움찔대다가
혹시 몰라, 친해 보자는 듯
도회지에서 많이 부르던 개 이름으로
너스레를 떨어본다
베－스, 메리, 도그 존, 마리, 워리, 개 씨
불러싸도 성가시고 귀찮다는 듯
눈만 한 번 끔뻑하고 만다
괜스레 약이 올라서 공연한, 못난 화풀이
야! 이 개새끼야

도통한 듯싶던 그 개
복날을 무사히 넘겼을지 궁금하다
떨어져나간 사립에 바람만 뒹구는데

순결

땅을 파보라
깊은 어둠 속에 있던 것일수록
오래 잠겨 있던 것일수록 순결하다
백토는 더 은빛이고
황토는 더 진한 금빛이다
석탄은 칠흑처럼 순수하고
금강석은 햇살같이 영롱하고 눈부시다
어둠 속에 깊이
스스로 감추고 있는 뜻은
제 속살을 드러내어
세속에 물들고 싶지 않음이니
사람들이여 속세엘랑 당신들이나 살아라
땅속 깊이 묻혀 있는
그들의 순결을 캐내려 말라
조화가 생화보다 더 아름답다 해도
그들은 순결로
살아있는 꽃을 피워 올리고 있다

영원의 시간

해가 기울면
어둠은 땅속에서 슬슬 기어나와
우선 낮은 곳, 그늘진 곳,
구석진 곳을 먼저 메우고
마지막 높고 넓은 곳들을 채운다

어둠은 낮은 곳이 좋아 낮은 곳에 살며
바다 같은 깊은 휴식과 하늘처럼 넓은 사랑
누구에게나 평등하지만
스스로 빛을 가진 것들에게만은 예외다

어둠은 소외되고 가난한 것들을 좋아한다
비루먹은 망아지 같은 남루함과
초라하고 어리석은 것 다 끌어안고
웅크린 가슴을 열어
보이기 싫은 것들 모두 드러내도 좋은 어둠은
숨기는 것이 없고 거짓이 없다

보는 것이 아닌, 느껴야 하는
무엇이나 존재하고 그 무엇도 없는
영원의 시간이 어둠이다

물수제비

먼 하늘가에 던져진 외로운 포구에
종잇장처럼 얇은 바람은
강물의 파란 잠 속에 잠겨듭니다
밝은 햇살이 소나무 가지에 걸린 사이로
흰 구름 둥실 떠갑니다
잠자리, 꽁지로 수면을 콕 찍으면
건너편 물풀들이 간지러운 몸을 뒤챕니다
동글납작한 돌을 주어 강물에 물수제비를 뜹니다
하나, 둘, 셋, 넷, 다섯, 여섯……
물수제비는 무료한 시간을 뜨면서 과녁 같은
동그란 파문들을 일구어 냅니다
파문은 서로 부딪쳐 물속으로 잦아들고 내겐
또 무료하고 시계추처럼 외로운 시간이 찾아듭니다
걸귀처럼 다시 물수제비를 뜹니다
여름이 머무는 강가에서 번지는 파문 위에
책장(冊張)처럼 내 가슴에 쌓여가는 외로움이나
무료함을, 무언지 모를 초조함이며, 를
실어 보냅니다
돌 대신 이 육신을 던져
잠든 강물에 큰 파문을 일구어 보고 싶은
유혹에 빠져드는 걸 참으면서…

해탈(解脫)

너는 내게서 멀리 떨어져 있어야 했다
눈앞에서 얼찐거리고
성가시게 귓가에서 앵앵대고

명심보감을 읽으면서 거울같이 맑은
거친 마음 다스리려 애쓰는
깊고 깊은 명상 속으로 잠겨드는
심각해진 내 모습을 너는
읽었어야 했다

나는 네게 가이 없는
세상에 나서 한 번뿐일 자비를 베풀어
탐욕과 번뇌를 벗고
근심 없는 편안한 세상에 이를 수 있도록
번쩍이는 빛살처럼 파리채를 휘둘러
일격에 고통에서 벗겨주마

너는 내게 원망할 것도 감사할 것도 없다
세상 모든 은원에서 벗어나
너는 해탈할 것이니

꽃의 부동산 투자

어제만 해도
꽃은 화사하고 탐스러웠지만
밤새 찾아온 된서리에 짓물러 버렸다

꽃이 아름다운 것은
벌과 나비를 불러 모으기 위함이요
이는 씨를 맺고자 함이라
많은 씨를 만드는 것은
더 많은 나무를 키우기 위함이니

더 넓은 땅이 필요하다

모든 생명이 있는 아름다운 것들은
점차 추해지지만
추한 것은 추함으로 자신을 가려
실망과 기대를 잉태하고
새로운 아름다움을 예비한다

꽃은 내가 꽃이라 하지 않아도 거기
피어나고 바람에 한들댄다
꽃보다 땅, 그 아름다운 것을 위하여

상사화 2

여름이 와서
청순했던 네 모습을 생각한다
삭막해진 낙엽 속에서도
눈비 속에서도 고운 기다림이 파란
네 마음이 내 가슴에 남아 있었더랬다

네가 떠나던 그 어느 여름날 저녁
애타는 마음으로 소낙비 내려
흙먼지 튀겨 더러워진, 깨끗한 빗방울들이
네 가는 발자국을 지우며 간다

지친 발걸음, 차마 아쉬워 머뭇거리던
여린 모습의 너를 생각한다
가는 걸음마다 뒤돌아보며
뜨거운 바람, 목마른 아쉬움에 시들어
파리해진 초라한 모습
너 떠난 빈자리에 바람이 분다

여름이 짙어 너
떠난 빈자리에 아름답게 핀
꽃, 외로운 네 영혼을 생각한다

하루살이

햇살이 따가운 어느 날
그 하루를 위하여
몇 년을 참고 기다렸느니

날고 싶었어라
거칠 것 없이
죽도록 사랑하다 죽고 싶었으니
두려웠으나
바램이 같은
이웃들이 함께 날아올라
저녁놀 질 때까지
생명이 진할 때까지
진정 한없는 사랑의 춤을…
사랑했노라

하루를 날고도
그 이름
천년을 이어가느니
하루살이… 하루살이

살사리꽃(코스모스)

골짜기를 흐르는 개울물 속에
함께 떠 흐르는 흰 구름덩이
바람 따라 떠돌다 잠시 멈춰 선
개울가 언덕을 따라
무리지어 피어난 살사리꽃
이슬처럼 청순하고
단정해도, 깊은 하늘같이 쓸쓸한 꽃
무리지어 피어도
미풍에 한들한들 한들거리는
색감은 화사하나 어쩐지
외로워 보이는 꽃

햇살은 바늘로 찌르듯 따가워도
가늘고 메말라 눈 시릴 때
마른 바람에 한들대는 긴 꽃대는
모두 비워낸 들녘의
넉넉한 듯 서러운 자리 지켜 서 있는

가을이 가는 들녘에 서면 어쩐지 구슬퍼지는
가슴 함께 보듬어 등 쓸어주는
늙은 마누라 같은 꽃

네 잎 클로버 행운찾기

시창작반 강의가 있는 금요일 아침이면
네 잎 클로버 스무 개쯤 찾아
참석한 반원들에게
'행운을 받으세요' 하며 나눠준다

어디서 번번이 이렇게 많이 찾으세요
난 아무리 찾아도 없던데…
모두들 궁금해 한다

나는 항상 관심이 있고
여러분은 간혹 기분 날 때만…
나는 여러분께 드리고 싶어 찾고
여러분은 스스로 갖고 싶어 찾으시고

장난스럽게 이야기하지만
그 많은 세 잎 중에 숨어 있는 네 잎
마치 시를 쓸 때처럼
눈이 아프도록, 끈기 있게, 집중한다면
행운은 결코 어렵지만은 않을 것

편지

혓바닥에 끈적이듯
여운이 남는 우표 뒷장처럼
벨소리가 울리면
종이에 달라붙지 못한 글들이
침 튀기며 흘러 다녔다

글로 그렸던 수많은 사연들은
봉투 속에서 앙증맞은
손전화기 속으로 옮아갔고
16절지 몇 장씩 담아내며 밤샘하던
이야기조차 인터넷의 허공을 떠돌게 됐다

편지에 문안이라 했지만 요즈음
편지에는 문안은 없다
정제된 알약처럼 저 할 말만 하고
꼬리 자르고 도망치는 도마뱀처럼
한두 줄이 고작

편지, 아침 햇살에 안개처럼
아스라이 사라지는 추억의 정성이여!

건빵

거기 산지가 얼마나 됐을까
다리그림자가 짙은
개울에 건빵 부스러기를 던져 주자
냄비에 매운탕 끓듯 물이 끌어 오른다
물이나 뻐끔거리고 있던
피라미 떼 수백 마리가 한꺼번에 몰려들어 먹이
낚아채려고 아우성이다
세상의 소란을 다 몰아온 듯
지나다 구경하던
광대뼈가 툭 불거진 아주머니
"저거 한손만 떠도 매운탕 한번 잘 끓이겠네." 한다
어린이 하나, 부러운 낯빛으로 날
쳐다보기에 '너도 고기밥 줘 볼래' 하고
건빵 서너 개를 건네 주자
날름 하날 제 입 속에 넣는다

가까이 산사의
풍경(風磬)이 물고기 소리로 운다

어둠

아침 일찍 일어나는 사람들은
아지랑이처럼 어둠이
휘발되는 모습을 볼 수 있다

산 높은 곳, 아파트 벽이나 아스팔트 위
가로수 잎 사이에 젖어 있다가
휘발되는 어둠
자국 하나 남기지 않고
저리 쉽게 날아갈 수 있었는데
밤새도록 어둠은 얼마나 무겁게 철옹성처럼
딱딱하게 젖어 있었던가

어둠에 박제됐던 생명들이
몸에 젖은 어둠을 털어
소란한 영혼들로 깨어나면 언제
어둠이 있었던가 한다

어둠은 휘발되어 사라지는 것이 아니라
물레방아 돌아가듯
밝음이 가벼워지면 다시
젖어 오는 것을 알면서도

손자

손자는 오면 반갑고 가면 더 반갑다고 한다던가

제 어미 자랄 때보다
더 제멋대로, 저 하고픈 대로
저만 아는, 끝없는 응석과
밑도 끝도 없이 골 부리는
버르장머리 없는 미국인이 되어
대학을 가게 된 외톨이 손자 녀석이
무더운 여름을 몰고 다니러 왔다

공손하고 예절바른 손자를 기대했던 내겐
함께 있을 두 달이 세상 어느 때를 사는 것보다
더 길게, 더 참고, 더 견뎌야 할 것이란 걸
이틀도 안 돼 깨달았다

요즈음 젊은이들에겐
경험이 행세하는 세상이 아니다
핸드폰 하나 조작도 못한다고 저 잘났다고
할아버지를 마구 무시한다
자고 일어나는 시간, 하루 세끼 밥 먹는 시간
텔레비전 채널도, 빈둥거릴 수 있는 나만의 시간도

뒤죽박죽이 되어 생활의
흐름이 깨어지니 날씨조차 푹푹 찐다
회초리가 통하지 않을 나이
뒤늦게 간살을 떨고 사는 신세타령이 절로 난다

그래도 어찌어찌 열두 명 손자를 본 것 같은
두 달을 보내고 떠나보내는 손자 녀석
"또 올게요, 할아버지" 한껏 어리광스럽다
눈물 그렁그렁한 채 공항출구에 섰다

그래 잘 가라, 부디 가서 잘 살아라
뼛속에서 우러나서 널 사랑한다만 자주 오지 마라
와도 오래 있지는 말거라 그래도
꼭, 꼭 다시 오거라
네가 있어 두 달 동안 사람 사는 것 같았단다
많이 보고 싶을 거야… 많이!

몸으로 가르쳐 주는 사랑

작고 빈약해진 어깨
깊게 잠겨드는 푹 꺼진 눈자위
뼈마디 앙상한, 볏짚 같은 아버지의
손을 잡아본다

어지간한 일들은 모두
잔잔한 웃음으로 대신하시는 아버지
그 어깨 위에 자리했던 위엄과 권위
어디로 갔을까
넓고 듬직한, 함부로 범접할 수 없었던
소소리바람 속에 스민 온기 같았던 아버지

가족을 사랑하며
이웃과 더불어 사느라 진이
다 말랐다고
어렴풋하게나마 짐작은 하지만

살집 하나 없는 빈약한 어깨
짐 벗어놓고 짐 지우지 않으려
가볍게 사는 법을
아비된 자식들에게 몸으로 가르쳐 주는 사랑

얼뜨기

촛불을 꺼라
밤은 어둠이어서 더 어울린다
총총한 별빛은
불을 켜지 않아도 정갈하다

살갗에 끼치는
살갑기만 한 이야기는
별빛 아래서도 수줍다

비단뱀처럼
온몸에 감겨드는 감촉도
창틈을 비집는
달빛이라야 제격이다

깔딱 고개엔 아득한 샛별이 뜬다

밤은 뉘보다
먼저 새벽을 낳고
새벽은 얼뜨기
어마지두에 해맞이 간다

담쟁이넝쿨

깎아지른 절벽
쭉 뻗어 오른 나무줄기
하늘로 솟은 것은 전부 네가 좋아하는 등반길
그렇다고 허공을 오르지는 못하지

처음 가는 낯선 길이어야
눈길을 모을 수 있다
곧이 곧대로면 관심도 없으니
뜻은 마음에 두고 허상을 세워야 한다
오른다고 다 오르는 것도 아니고
매달려 있다고 안 오르는 것도 아니다
오르는 길에 건 밧줄은 꿈틀대는 새것이어야 한다
성공과 명성, 그 밧줄 하나에 걸려 있으니
아무리 절벽을 잘 탄다 해도
갈지 자로 비틀어야 한다
그렇다고 해도 밑동이 잘리면 생명을 잃는다

절벽을 타고 오르는 담쟁이도
그 뿌리가 생명이듯 시도
꿈과 낭만, 독자를 잃고 가면 머잖아
시들고 말 것이다

써보고 싶은 시

눈으로 읽어도 좋고
귀로 들어도 좋은
가슴으로 읽으면 더 좋은 시

한 번을 읽어도 좋고
두 번 거푸 읽으면 더욱 좋은
읽으면 읽을수록 삶이 훈훈해지는
달달 외워서 가슴에 담아 두고 싶은 시

외로울 때 읽어도 좋고
무릎 벤 연인의 머리맡에서,
온 가족이 둘러앉은 화롯불 곁에서
읽어도 좋은
시인들도 좋아하지만
보통사람들이 더 좋아하는 시

지금 읽어도
세월이 흐른 뒤 읽어도
내 손녀의 손자 녀석이 읽어도 좋을
세상 사람들 모두
즐겨 읽는 시

제2부

수류

수류(水流)

그저 흘러가렵니다
물길 닿는 대로 스스로는 멈추지 않고
낮은 곳으로만 흘러가렵니다

먼저 가려고도
부러 뒤쳐지지도 않겠습니다
가다가 뉘 막아서면 비껴가거나
길을 터줄 때까지 기다리렵니다

바위 틈새를 비집거나 휘감아 돌 때
자갈밭을 굽이쳐 흘러야 할 때는
작은 소리로 노래도 부르렵니다
강여울에선
어지러이 소리쳐 울기도 할 것이고
높은 절벽을 떨어져 내릴 때는
천둥 같은 비명도 지르겠지만
때론 뉜가의 목마름을 풀어 주고
생명의 물이 되기도 하겠지요

바다에 이를 때까지 멈추지 아니하고
그저 흘러가렵니다

이름

이름 없는 풀들은 없다
이름 모를 풀들이 있을 뿐이다
이름을 찾아 불러다오

이름을 갖기 위해서가 아니라
이름이 불려지기를 바래서가 아니라
이름 짓기 좋아하는 인간들 때문에
이름이 지어지고 불리어질 뿐

이름이 애초부터 있었던 것은 아니었으나
이름이 행세를 하고 이름값 해야 사는
이름이 만물을 낳고
이름으로 신을 창조하는
이름에 죽고 못 사는 인간들 때문에
이름 좋은 하늘타리로라도
이름에 목매는 것

이름이 언제나 그 이름은 아니지만
이름으로 사는 세계에선
이름만이 있음의 가치이자 의미

난청(難聽)

작은 소리가 크게 들리는
적막한 곳이 어디 거기뿐이랴만
산길은 적막하다 한다

도회지의 온갖 소음에 시달리던 귀
풀잎에 이슬 구르는 소리
우듬지에 걸린 바람소리, 새소리
돌 틈을 비집는 개울물소리, 해묵은 갈잎
바스러지는 소리 그 속에 삶을
묻고 사는 벌레들의 아우성이, 소곤대는
소리 들리지 않는다

귀 기울이면 도시의 소리보다 몇 배는 더
다양하고 아름다운 소리 들리련만
빠르게 허공을 찢는
날카로운 음 자리에 멍든 귀에는
적막강산(寂寞江山) 쓸쓸한 산골일 뿐

산을 오르는 젊은이들
하나같이 제복 같은 등산복을 걸치고
이어폰 꼽고 시끄러움에 열광하며 간다

삼복이 지났다고

산기슭에
허름한 농가 몇 채
집집이 개 한두 마리씩

꽤나 긴 시간 동안 낯을 익혀서
그만둘 때도 됐으련만
만날 때마다 여전히 도둑놈 본 듯
으르렁대고 짖어댄다
개 끈에 목이 매어진 놈
우리에 갇힌 놈일수록
더 극성이다

나는 그저 조용한
아침 산책을 나왔을 뿐이련만

삼복이 지났다고 안심하지 마라
아침저녁 쌀쌀한 날씨
개소주 내리기에
안성맞춤이려니

촛불

짙은 어둠일수록
더 강한 빛으로 피어나고 싶은
심지를 타고 오르는 촛농은
독실(篤實)한 나의 바램
불꽃은 간절(懇切)한 나의 기도(祈禱)

타오를 수 있어 기쁨이었고
녹아내릴 수 있어 행복이라오
나의 자랑은
가진 모든 것 비우고 태워, 밝은 빛으로
사그라질 수 있음이니

언제나, 누가 기억해 주지 않아도
백, 천 번이라도
몸을 녹여 불꽃을 피우리니
타오르지 못하면 촛불이 아닌 것을

불꽃은 생명이요, 기쁨이니
스치는 바람에도 일렁이지만
머물지 않는 영겁의 시간과 함께
지울 수 없는 나의 운명

팽

어렵던 시절, 처음 만났을 때 넌
산뜻하고 아름다웠지, 너를 아끼고 아꼈었다
너도 내 건강을 돌보는 일
모양 있고 품위 있는 모습으로 가꿔주는 일
잠시도 곁을 떠나지 않고 지극정성을 바쳐 왔지
어느 때부턴가, 꼬집어 말할 순 없지만
보풀이 일어 늙은 개처럼 후줄근해진
네게 싫증이 나기 시작했고
내 주변을 맴도는 게 부담이 되기 시작했단다
다 알고 있는 거지만 세상은
핸드폰처럼 자주 변해가니 새로워져야 하는데
나는 넓은 세상으로 치달아 가는데
너는 한결 같고 케케묵은 우체통처럼 점점
더 낡아져가니 네가 지겨워지기 시작했단다
난 이제 너를 버려도 될 만큼 컸어
네가 그토록 오래 정성으로 받들어 주었었지만
그동안 널 아껴줬던 것만으로
네게 의리를 다한 건 아닐까
요즈음 유행하는, 내 새로운 신분에 어울리는,
새 옷을 몇 벌 마련했단다
헌옷 수거함이 아 하니 입을 벌리고 있다

가 닿을 수 없는 내일

시간의 속도로 움직이는 것은 오늘

추억은 살아온 평생을
눈 깜짝할 새 달려갔다 돌아온다
부끄러운 것 걷어내고 슬픈 것 눌러 덮고
산뜻하게, 자랑스러운 역사에는 밑줄을
그어 놓을 수도 있다

그렇다고 지난 것들에 연연하지 마라
네 눈앞에 펼쳐지는 것 눈 돌리면 이미 지난 세월
돌아보지 마라, 돌아보는 그 순간도
너의 오늘에서 공제된다

바람은 끝없이 내일을 향해 불고
물도 길 따라 흘러가지만, 우리도 그와 같지만
어제를 등짐지고 있어
한 발짝도 오늘을 벗어날 수는 없다
어차피 오늘을 살다 오늘에 죽을 것이다

영원히 가 닿을 수 없는 내일보다
행복한 오늘이기를!

사람 대접

나는 채(蔡) 가입니다
내 처는 시집와서 40년이 넘었는데도
아직도 밀양 박(朴)씨, 박씨 성을 씁니다.

하나밖에 없는 딸은
미국으로 이민가더니 남편
성을 따라 강(姜) 가로 바뀌었습니다.

여자가 결혼했다고 남편 성을 쓰는 나라
여자는 제 성도 못 갖는 나라가
레디 퍼스트라고
여권이 더 큰 나라라고 큰소리칩니다.

이혼도 억세게 잘해서 결혼할 때마다
여자는 이사간 집 문패 바뀌듯 성이 바뀌니
이래저래 헷갈립니다.

하날 보면 열을 안다고 그 나라 여자
똥친 막대기 신세입니다.

우리나라 여자들은 사람 대접 깍듯이 받습니다.

망고

늙으면 모든 병이
하루 이틀에 낫는 것도 아니고
낫는다고 깨끗이
애초처럼 되는 것도 아니다

달빛이 아무리 환해도
어둠을 다 걷어내지 못하듯
그저 좀 덜할 뿐이고

다하지 못한 미련 있는 것처럼
이곳 저곳으로
옮겨다닐 뿐이다

그래도
달 밝은 밤
얼레에 실 풀리듯
스산한 바람 스쳐가는
정취 또한
멋스럽지 않은가

횡설수설(橫說竪說)

남이 쓴
몇 줄의 글을 보고
의도가 무엇인지 알려고
심각하게 해석하려 애쓰지 마라
꼬치꼬치 묻지 말고 투정하지 마라
꼴도 보기 싫은 걸 억지로 보지마라
눈은 머리 앞쪽에 두 개나 달려 있어도
　　남을 빌리지 않고는 제 얼굴 하나도
　　　제 뒤통수도 볼 수 있는 것이 아니다
　　　　바나나　　　우유엔 바나나가 없고
　　　　　오렌지 주스에는 오렌지가 없단다
　　사과는 먹어 달라는 게 사과나무의 뜻이지
헛 사과나 받으려 주렁주렁 달린 게 아니다
배도 뱃속에 넣으라는 배지 엎드려 절이나
하라고 흰 속살에 단물을 채운 건 아니다
　　고향 앞세우는 선비(士), 말(言)뿐이고
　깔고 앉은 건 겨레붙이(寸) 아니던가
　　　어제는 오늘의 뒤에 달려 있고
내일은 앞에 붙어 있는 것, 사람은
오늘만 살다가 오늘로 마치니
읽고 싶거든 읽어봐라
몰라도 괜찮다, 괜찮다 詩

비 내리는 밤이면

너는 왜
뼈마디 사이사이 스며들어선
단말마의 비명을 지르고 있나

궂은비 내리는 밤이면
갈 곳 없이 떠도는 영혼들
왜 내게
뼈저린 사랑을 구걸하는가

맑은 하늘, 밝은 미소로
찾아주지 못하고
왜 내게 아픔으로 스며드는가

그 많은 세월을 아파했건만

밤 유리창에 부서지는
빗방울 소리

처음 가보는 길

길은 많다
오솔길이 있는가 하면 쭉 곧은 신작로
손바닥에 침 튀겨보는 쌍갈래 길
몸은 하난데 갈 길 많은 네거리

방황하는 나그네
길은 어디나 있어도 가는 길은 하나
한번 간 길, 되돌아가지 못하고
같은 길 다시 가도 같은 길 아니어라
처음 갈 때 너 아니고
구름도 바람도 풀 한 포기도 처음 그 아닌 것을
한 발짝 자국마다 시간은 흘러
들숨으로 들이쉰 것, 날숨으로 내뱉은 것
서로 다른 것이어라

너 홀로 붙박여서 머물고자 하여도
촌음도 정지하지 못하는 시간이
네 손을 잡고 가리라
한 발짝도 되돌아가지 못하는 길
인생, 마지막 한 발짝도 처음 가보는 길
마지막 가보는 길

사랑의 시작

내가 그리워하는 그니

어디 사는 누구인지 만난 적 없으니
어떻게 생겼는지도 몰라요

그 모습, 사진처럼
박아낼 수는 없지만
샛별처럼 예쁘게 생겼다는 것
마음이 목련처럼 곱다는 것 알 수 있어요

내 가슴 영글기 시작하면서부터
마음 팔려 애틋이 그려보던 그니
허상으로라도 조금씩 마음속에 스며와
한 자리 차지하고는
내 그리움을 먹고 사는 그니

아직도 사진처럼 박아낼 수 없지만
나는 그니가 무작정 그리워요

그냥 꿈이고만 싶어도
사랑은 그렇게 시작되는 건가요?

국화차

덜 삶긴 풋나물 같은 풋풋한 내음새
종잇장처럼 엷은 안개가 쌓이는 아침 초가지붕 위로
솟아오른 한 줄 연기같이 아련한 맛 한가한 오후 모여
앉아 수다 떠는 중년 여인네들의 입담같이 구수한 맛
볕 잘 드는 베란다에 마주앉아 나누는 정감어린 대화
처럼 은근한 맛

국화차, 한 잔 그리워
가을 들녘, 깨 알갱이 쏟아지듯 햇살 바른 양지에
맑은 바람 마주서서, 이슬 한줌 머금고
옹기종기 피어난 들국화 한아름 꺾어다가
오그라진 북어껍질처럼 바짝 말려 두었더니
아름다움에 끌렸을까 향기에 취했을까
벌레가 이미 꽃집에 알을 슬었던지
서릿바람 일듯 알에서 깨어난 깨알 같은 벌레
천장이며 벽이며 책상 틈새
온 집안에 수를 놓고 다닌다
먹다 남은 사탕에 달라붙는 개미처럼
새순에 끼어드는 진딧물처럼
놀부 박 속에 오만가지 잡살뱅이 튀어나오듯
벌레가 먼저 국화차 향에 취했었나보다

물속에서는

물은 누워 있다
세상에서 가장 편안한 자세로

하늘 높이
솟아오른 산들도
위로 뻗어 서 있기 좋아하는 나무도
물속에 사는 것들이 누워 사는 것처럼
물속에서는 물 따라 눕는다

하늘을 나는 새도
하늘을 떠가는 구름도
그 하늘조차도
물은 물에 비치는 것 모두
품어 눕힌다

물은 결코 저를 세우지 않으니

물속에서는
세상에서 가장 편한 자세로
물 따라 눕는다.
아기집 속의 아가처럼

밥솥

옛날에는 그저
하염없이 눈물이나 짜냈지만
요즈음 것들은
뱃고동 소리처럼, 기적을 울리듯
증기를 뿜어 올린다

커다란 가마솥으로
꺼슬꺼슬한 보리밥 하나 가득해도
벌리는 손들, 다 쥐어 주기에는
턱없이 모자라
솥바닥처럼 까매지는 가슴
쥐어뜯던 어머니

색색으로 치장된 전기밥솥
이밥에 모락모락 김이 피어오르고
고슬고슬한 밥알이 윤기 자르르 흐르건만
"안 먹어"가 이름이 된 손자 녀석
뒤쫓아 다니며
한 술이라도 더 먹여 보려고
치미는 울화에 멍드는 가슴 하얗게
바랜 할머니

새 구두

뒤 굽이 다 닳고
옆구리 굽지는 곳이 터져버린
거지 털메기 같은
헌 구두를 버리고 새 구두를 샀다

구두코가 물살에 부서지는 햇살같이 반짝이는
발에 꼭 맞는 가벼운 구두
날아갈 듯 산뜻한 기분, 저들은 알까
내 신발 보고 부러워할까, 멋있다 할까
성안 길 인파 속을 겅중거리며 걷는다

새 구두, 발에 꼭 맞는
구두코가 빤짝이는 내 구두
보이느냐고, 보라고, 어서 보라고

성안 길 다 벗어나도록
내 구두를 내려다봐 주는 사람
한 사람도 못 봤다 딱 한 사람
구두를 팔던 점원이 황송한 듯한 얼굴을 하고
내려다보면서 "잘 맞으시네요."
한 것이 전부였다

지렁이

진창에서나마
가만히 엎드려 살지
뭐하러 밝은 세상에 나와
하찮은
개미 떼 밥이나 되나

손발이 다 닳도록
눈멀고 귀먹어 가며
진창 속에서 오로지 용맹정진(勇猛精進)
가혹한 수행을 한 결과라는 게
땡볕에 스스로 몸을 말려
개미 떼 밥이 되는 거란 말이냐

죽을 때를 깨달아
스스로 버려, 주고 가는
네 나름
큰 사랑이란 말이냐

보리건빵

속리산 법주사에
아내의 덤으로 따라갈 땐 심심풀이로
보리건빵 한 봉지 사 들고 간다

대웅전 부처님께 삼배하고
광장 한 곁 미륵부처님 돌면서
시방삼세 나무아미타불 관세음보살
염불하고 그래도
남는 아내를 기다리는 시간에
절 입구 다리 위에서 건빵을 부셔
물 속 고기들에게 공양을 한다

건빵 부스러기 따라
와와 몰려드는 고기 떼를 보노라면
법주사엘 잘 왔다 싶다
보리건빵 조금 주는 건데 저리
좋아하지 않느냐

평생 저리 많은 것들을 위해
내가 무엇을 해주었던 일이 있었던가?

제비

올해도
삼짇날이 되었어도
제비는 오지 않았다
밤비에 촉촉해진 산뜻한 아침이면
항상 연미복 단정히 차려입고
빨랫줄 위에 앉아
우아한 몸짓으로
지지배배 노래하던 제비
골짜기 하늘을 곡예하듯
물 찬 제비같이 날아오른다 하던
그 제비는 지금
어디 있을까

시끄러운 잠자리비행기
농약 뿌리러 온다고
장독 뚜껑 덮으라 한다

어느 여름날 아침

장마 속 가뭄이라더니
어제 밤새 줄기차게 비가 내렸다

산골의 새벽 공기는
갓 목욕하고 났을 때처럼 산뜻하고
촉촉하고 서늘하다
흠뻑 젖은 나뭇잎, 풀잎
방긋 웃는 새색시의 웃음 같은
연초록 새순을 서둘러 틔우고
바람 한 점 없는, 안개구름 자욱한 하늘에선
여태껏 못다 온 듯 는개가 내린다

보이지 않아도
꼬집어 말할 수 없는 부산한 움직임
정적은 한없이 가벼운데
멀리서 개 짖는 소리

나는 어이 홀로 이 아침을 맞는가
천지간에 홀로 서 있는 듯
온 세상 다 가진 것 같은
이 쓸쓸한 황홀함을 어이하랴

누가 목 놓아 울면

지금도 누가
목 놓아 울면
왜 우는지는 몰라도
울컥 가슴이 죄이고 목이 멘다
핑그르르 눈물이 돈다

가슴 옥죄는 슬픔
숱하게 겪으면서 자란
눈물의 강물 속을 헤엄치듯
울면서 살아온 어린 시절
가난해서 배고프고
가난해서 추웠던
사는 게 거추장스러웠던
그래도 실낱 같은 가난한 희망을
더듬어 살던 그 시절 안타까워

지금도 누가 목 놓아 울면
왜 우는지 몰라도
울컥 목이 멘다

탑돌이

봄이라
피는 꽃만 있을 것이랴
봄에도 지는 꽃
가도 오도 못한 채
수백 년을 서 있는 탑도 있는 걸

그리워
기다리던 님
보고파 불러보는 님
바람되어 허공에 흩날리는데
어스름 빗긴 달이
달이 뜬다

마음이 여린
수많은 사람들의 기원을 담고
오늘도 어제처럼
하염없이 서 있는 탑이여

겨울 하늘

투명한 창 너머
먼 하늘
가을보다
더 쪽빛이고
구름 한 점 없어 싸늘한
두레박 우물처럼 깊고
엄마 치마폭처럼 넓은
겨울 하늘

깜빡이는 별들도
오소소
쏟아져 내리다
나뭇가지에 얼어붙고
흐르는 달빛도
추녀 끝에
주렁주렁 엉겨 붙는
오슬오슬 움츠러드는
겨울밤 하늘

더 외롭다

며느리한테는
꼭 가볼 곳이 있는 것처럼
아침 일찍
집을 나서 보지만
기껏 인적 없는 마을 공원이다

복지회관이나
중앙공원에 가면
늙은이들로 차고 넘치지만
공연히 섬서 글러서
모두들 나를 쳐다보는 것 같아서
같은 처지인데도
날 측은해 하는 것같이 보여
싫다

북적대는 사람들 속에서
외톨이가 되는 건
아무도 없는 공원에서 느끼는
외톨이의
외로움보다 더 외롭다

동병상련

전립선암 떼 내려고
배꼽 밑으로
길게 찢고 꿰맨 흉터 자국이
흉물스럽다
간간이 몹시도 가려워
벅벅 문질러 보기도 하지만
흉터는 전혀 없어질 기미가 없다

초정 약수목욕탕에 갔더니
누가 날 보고 정겹게 웃는다
누굴까
고개를 갸웃하다 보니
그도 배꼽위로 긴 흉터가 있다
그래, 그랬었구나!
단지 배의 어딘가를
찢고 꿰맸다는 것만으로
동병상련(同病相憐)
그는 날 보고 웃었구나!

나도 그를 향해 싱긋이 웃어 줬다

참 빛

이름이 꽤 알려진 어느 시인이
봄날 나른한 햇살
밝은 마루에 걸터앉아
무료하니, 그저 눈에 보이는 대로
생각나는 대로, 두서없이
아무런 생각도 없이, 뜬금없는
괴발개발 끼적거려 놓은 것

원고 청탁을 왔던 기자가
주어다 잡지에 실었단다.

아첨하기 좋아하는 사람들
그게 잘 쓴 시라고 조목조목 따져가며
진광불휘(眞光不輝)
참 빛은 아름답게 빛나지 않는 거라나
세상 사람들 열광한다

원고료 받아든 그 시인
어처구니없다고
입맛 쩝쩝 다시며 '그것 참' 한다

내숭일까?

바람이 걷어 올린
치마 속 붉은 팬티
부끄럽다고,
당황해선
발그레해진 얼굴

낙엽 같은 한 조각
비키니만 걸치고 나온 모델
운동선수
바닷가 수영객들
전혀 부끄럼을 모르는 사람처럼
당당하다

그 차이
뭐가 부끄럽고, 어찌 당당할까?
내숭일까?
파렴치한 걸까?

우물

고향집 사립 밖에는 작은
우물이 하나 있습니다
우물가에 서면 지금은 없는 동리
아낙들 둘러앉아 물동이에 물 퍼 담으며
수다스런 귓속말들을 나누던 모습 그 이야기들
흘러넘치는 듯합니다. 아직도 우물은 차서 시원
한데 똬리 끈 입에 물던 그 정겹던 아낙네들
밤비로나 왔다 가는지 햇살 밝은 우물가에
수십 년 전 떨어져 내린 수다가 코스
모스 몇 송이로　　　　　　한가롭습니다

잔치 뒤끝

갑자기 적막해진 잔디 마당에
메마른 햇살만 가득히, 허전하다
밝게 웃으며 손 흔들고 가버린 여인들
이 남긴 체취만이 사립 밖으로 길게 이어지고
마치 이곳에선
아무 일도 없었다는 듯
그녀들이 헤집다 떠난 자리엔
언제나 거긴 제차지라고
고즈넉한 정적이 스며들고
고추잠자리 몇 마리
정적의 사이를 비집는다
고추잠자리도 물러가고 나면
또 짙은 어둠이 이곳을 덮어 누르고
그 어둠의 장막, 이곳저곳을
별빛만이 찢어 놓겠지
나는 또 어둠처럼 말랑했던 그녀들이
간 길을 따라가며
흘리고 간
시심들이나 주워보고 있을라나

허무

부족한 것 없는데 허전하고 언짢다
하고픈 일도 없고 손에 잡히지도 않는다
애달플 것도 절실한 것도 없다
뭘 해도 속절없고 모든 것이 덧없다
보이는 것 모두, 다 시들하고, 텅 빈 껍데기 같다

내가 살아 있다는 것, 무슨 의미가 있을까?
이렇게 아등바등 살아 봤자
무엇이 되고, 무엇이 남는가?
텅 빈 하늘에 새 한 마리 날아갔다고
그 하늘, 무엇이 달라지는가?
아무런 이유가 없다
허무라는 것, 그냥, 또, 마냥 허무하다
사람의 마음에 뚫린 깊은 구멍.

네 소중한 것, 작은 것이라도
그것을 절실히 필요로 하는 사람과 나눠봐라
네가 남에게 필요한, 가치 있고 쓸모 있는,
살면서 해야 할 역할이 있다고 느낄 때

허무의 구멍은 퍼내야 가득 차는 우물이다.

돌멩이

몽돌 밭에 가면
밀려오는 파도에 말갛게 씻겨
빗긴 햇살에
유난히 반짝이는 돌 하나
쉽게 발견할 수 있다

두고 보고 싶은 욕심에
윤기 자르르 흐르는 돌 하나 집어
주머니에 갈무리 해보지만
한참을 지나 다시
꺼내보면
광채를 잃고 푸석해져 있다

사람이나 돌이나
있어야 할 곳에 있어야 빛나는 법

돌멩이 함부로 옮겨놓지 마라.

꼭두각시

또 다른 내가 숨어있는 거울, 어쩌다
거울 앞을 지나치다 보면
숨었던 곳에서 톡 튀어 나와선 나와 하고픈
이야기가 있다는 듯
유리처럼 맑은 눈길로 쳐다보고 있다

내가 저를 마주보고
콧노래를 부르거나 화장을 하거나
옷매무새를 고치기라도 하는 때면
내 하는 모양을 따라하며 마냥 즐거워하고
슬픈 일이 있어 눈물짓다 흘깃 쳐다보면
저도 울고 있는 거울속의 나

세상을 빗겨 서서 바라보는 일 없이
둥글면 둥글게, 모지면 모지게 품어 안아서
시시비비를 가리는 일, 없고

좌우를 구분하지도 못하는 주제에
내가 무슨 말인가 할라치면
귀담아 듣지 않고 저할 말만 주절거려서
나를 씁쓸하게 하는 거울속의 나

목줄(necktie)

목줄을 매라, 내게 강요하지 마라
마치 똥개 옮아매듯
목줄을 매어 잡아 흔들며 요리가라 조리가라
네 가는 길 따라오라 하지 마라
나는 나대로 가고 싶은 길이 있단다

내 젊어서 한 때
하루 세끼 밥벌이를 위해
격식을 차리기 좋아하는 사람들과 어울리기 위해
스스로 목줄을 두르고 다닌 적이 있다만

어디 흰 와이셔츠 받쳐 입고
목줄을 매고 양복(洋服)을 걸쳐야만
품위 있고 음전하고
바르다고 할 수 있으랴

사람을 틀에 넣고 옥죄지 마라
속박 많고 금기 많은 답답한 세상
겉모양에 목을 매는 위선에 넌더리가 난다
동저고리ㅅ바람에 나돌아도
나는 이제 조금은 자유스럽고 싶다

제 3 부

야속한 ᄉᆞ람아

겨울 빨래

양지바른 베란다에 햇살이 놀러오는 날
한겨울에도 빨래는
모처럼 제 속에 들었던 사람, 빼 던지고
때 빼고 광내고 홀가분하게
활개를 활짝 편다

한통속으로 얽히고설켜서 돌아가던 것
언제 그랬냐싶게 시침 뚝 따고
줄 맞춰 널려있는 사이사이
햇살은 하나하나 마냥 더듬고 쓰다듬고
오래지 않아 절정에 오른 빨래
질척한 물기 다 걷어내고
밤잠 설친 노인네들처럼 가볍게
나른한 낮잠에 잠겨든다

나도 할 수만 있다면
검버섯 같은 흉허물, 각진 세월의 얼룩
질척한 가슴도 헹궈내고
양달진 곳 하얀 빨래로
내 맘 같지 않은 이 힘겨운 세상에
보송한 네 옷으로 가벼워지고 싶다

꽃이 진 자리

햇살이 지나가는 떨림에도
그늘이 찾아오듯 꽃은 지거니
촉촉이 안개만 쌓여도
꽃은 떨어지고
질 때가 되면
바람 없이도 제 무게를 이기지 못하니

햇살이 비껴들면
생각난 것처럼
깊은 사색에 잠겨있다 화들짝
놀란 듯이 떨어지는 꽃잎

화려했던 지난날과
아픈 오늘
내일의 바램
모두 두고 떨어진다

그것이 꼭 슬픔일수만은 없는
꽃이 진자리에 맺힌 멍울

시(詩)

어떤 이는 노래라 하고
다른 이는 그림이라고 했다

썼다고 하는 이도 있고
읊었다고, 그렸다고, 낳았다고 하는 이도 있다

울림이라고도 혹은 떨림이라고도 했다
목마름이라고
외침이라고, 울음이라고,
또는 중얼거림이라 하는 이도 있었다.

달랑 한 줄인 것도 있고
한 장인 것도
두꺼운 책 한 권이 되는 것도 있다

누구는 마음 가난한 자에 비추는
햇살이라고 하고
또 누구는 서러운 이에게 부는 따뜻한
바람이라고도 했다

시는 그 무엇이고, 어떤 것도 아니라고 했다

밤마을

골목 돌아간 막다른 집, 친척 할머니 댁

보이는 건 몽땅 내게 눈 맞추는 별
달빛도 누렇게 삭아 내리는 어둠 속에
마을 앞 개울 건너에는 화등잔 같은 불빛이 오고 갔다
호랑이불이라고도 했고 여우눈깔이라고도 했다
호랑이나 여우가 무섭긴 해도
호롱불빛 너울 속에
밤이면 들려주는 할머니 옛날이야긴 정말 재미있었다.

하필이면 나 혼자 마을간 날 할머니는
귀신날 밤마을 갔다 귀신에게 잡혀 먹힌 아이 이야길 했다

닭장이 싫어 푸드덕대던 닭들도
잠잘 때는 돌아오듯 밤마을서 돌아오다 만난
할머니 쪼글쪼글한 얼굴 닮은, 아이 먹는 마귀할멈
똥마려운 뒤꼭지에 달라붙는 달걀귀신
장가 못가고 죽어 아무나 보고 해코지한다는 몽달귀신
허겁지겁, 허둥지둥,
개골창에 빠져 허우적대다
겨우 겨우, 어찌어찌 집에 돌아왔다

사흘 밤낮 헛것, 고열에 시달렸다

때로 밤마을 가자고 성화를 대면 어머닌
밖에 누가 오셨습니까? 하신다
그러면 문풍지 떠는 소리
달걀귀신, 몽달귀신, 몽당비귀신이 문고리
달그락거리는 소리 들리고
나는 항상 어머니보다 일찍 잠드는 착한 아이가 됐다
내게 어머닌 귀신도 못 들어오는 단단한 성(城)이었다

오래지 않아 나는 알았다
어머니도 밤마을 가실 때는 귀신이 무서워서
내 손을 꼭 잡는다는 것을
내가 어머니의 성을 쌓는 주춧돌이었다는 것을

그래도 어머닌 돌아가신지 오래된 오늘까지도
변치 않는 나의 성(城)이었다.

장난감 가게

지평선, 가물대는 저 멀리,
아른거리는 예쁜 집

아이스크림 가게일까
솜사탕 만드는 집일까, 아니
뻥튀기 집인지도 몰라
하얀 뭉게구름 마구 피어오르는 것 보면

아냐, 아냐 국수집일거야
가끔 국수틀 돌아가는 소리 들리고
굵은 국수가닥 쏟아져 내리는 걸 보면

솜틀집 아니면 떡집이 맞아
바람 차게 부는 날
하얀 목화송이,
때론 흰떡가루 많이 날리는 거 보면

지평선, 가물대는 저 멀리, 아른거리는 예쁜 집
조물주 늦둥이 어린애들 놀이방
장난감 가게 일걸
아이들 색동옷이 나풀대잖아.

사춘기 2

낯설음도 견디기 어렵지만
외로움은 더욱
참아내기 어려운 나이

바닷물에 씻긴
몽돌처럼 반짝이고
솜사탕처럼
보드랍고 달콤하고
젤리처럼 탄력있고 말랑한

여름날 뭉게구름처럼 피어나선
움켜쥐면 미끈거리며 빠져나가던

종잡을 수 없이
가슴 설레던 날들이여!

버마재비

이름이 여럿인 것이 어찌 너 뿐이랴
버마재비, 사마귀, 오줌싸개, 당랑(螳螂)

한 여름 살다가기엔 부족함이 없는
사냥술과 무기를 지녔으면서도
달랑 사랑 한번 주고
제 사랑 잡아먹는 너

오다가다 만나 맺은 사랑
몸속에서 키워내고 비워내는 자식 사랑
밥이 되어 충분할까
사랑이 얕은 탓이 아니라
가을이 이울면 어차피 사라져갈 목숨
한 목숨 바쳐 더 많은, 그것도 제 새끼를
건강하게 배고 낳을 수 있다면
절개를 지켜 기꺼이 버려야 하는 것 아닐까

슬퍼마라 수사마귀여!
잡은 고기 취급을 당하며 지루하게
몇 십 년을 사는 사내에 비하면 넌
얼마나 뜨거운 것이랴.

짝사랑

아름답지만 슬픈 사랑

나 알고 싶어라, 한번이라도,
단 한 순간만이라도 날 그려본 적 있는지
어둠 속에 내비친 한 줄 빛살 같은
그 한 순간으로 행복해지리
더 바라는 건 욕심, 욕심에 멍울지진 않으리
난 그 한번만으로 만족하리

설사 단 한 번도 날 그려본 일 없다 해도
홀로 버리지 못했던 미련뿐일지라도
기다리며 그리워할 수 있었던 것만으로
나 행복하였어라

나 아직도 누리를 비추는 빛살 속에
부신 눈을 떠서 그대를 바라볼 수 있음을,
때로 슬프고 아파도, 나 정말 고마워하리

죽을 때까진 그리워할 수 있는
슬프지만 아름다운 사랑

그림자여 미안하다 2

어머님 날 낳으실 때 널 짝지어 주셨지
생김새는 있으되 만질 수도 없고
늘이고 줄이는 일, 변화엔 견줄게 없으면서도
넌 날 닮고 싶어 안달이고
나처럼 옹졸하고 미련해서
떨치고 큰 세상 나갈 줄도 모르고
게으른 천성을 타고나서 누워 살기 좋아하고
검은 색을 좋아하면서도 어둠만은 두려워해서
빛없는 곳에서는 꼭꼭 숨어 온데간데없지
내가 기뻐 크게 웃거나
슬퍼 울부짖을 때도 넌 그저 다소곳하게
스스로 다할 때를 기다리지 얄미워
떨쳐버리고 싶은 때가 없는 건 아니지만
한사코 쫓는 너를 매정하게 떼칠 수 없었단다
살면서 한 번도 헤어져 본일 없기는 오직 너뿐

그림자여 미안하다 어느새
갈바람 부는데 이룬 것 없고 해준 건 없다만
정 많은 게 괴로운 거라고
내가 널 쫓아 누울 때까진 우리
함께 가자 지금처럼, 잘잘못 따지지 말고

낮달

(1)
어젯밤
핏빛으로 붉더니
내 잠든새 하혈을 했나
창백하니
오동나무가지에 걸렸구나

(2)
문창호지 찢어진 틈으로
옆집 새댁 낯 뜨거운 꼴 봤나
붉게 충혈된 눈빛이
담을 넘더니
해쓱하니
밤잠 설친 꼴이라니

빗방울 듣는 소리

하루가 이울도록
비는 내리고

함석지붕 위에 빗방울 듣는 소리

반평생 저 너머
아련한 추억 속에 비 내리던 돌담길

우산을 받쳐 주었을 때

처음 마음이 설레던 때

하-얀 미소로 손 흔들고 가던

종일토록 비는 내리고
문설주에 기대서서 하염없이

빗방울 듣는 소리

야속한 ᄉᆞ람아

내 부르는 소리 들리지 않나요
메아린 휘－돌아오는데
귀는 있어도 듣지 못하나
야속한 ᄉᆞ람아

내 손짓 보이지 않나요
산굽이 넘던 구름 되돌아 나는데
눈이 있어도 보지 못하나, 야속한 ᄉᆞ람아

뭐라고 말 좀 해 보렴아
붉디붉은 내 마음 저리 타는데
입은 있어도 말도 못하나,
아－ 야속한 ᄉᆞ람

머－언산 봉우리 흰 눈에 덮여
얼어버린 마음에
빛살은 바늘 되어 가슴에 꽂히는데

뒤돌아 말도 없이 멀어져가는
높푸른 하늘이여
아－ 야속한 ᄉᆞ람.

아득한 하늘

당신에게
해줄 수 있는 거라곤

아침에 따뜻한 차 한 잔

우유 한잔에 빵 한 조각
아침상 차리기와 설거지가 고작

어쩌다 잠시잠깐
어깨 주물러 주기
지나다가 맨입으로 사랑한다,
사랑한다.

옹색해진 주머니엔
마음만 가득해서

바라보는
먼 하늘이 아득하네

누에고치

신부전증에 간경화로 입원했다는 남자
누에는 뽕잎을 먹고 살아야 한다고
큰 깨달음이라도 얻은 것처럼 한숨이다

시골서 과수원을 했다는 그 남자
전에는 대학에서 학생들을 가르쳤단다
정년퇴임해서 바다가 보이는 산기슭
바람 맑고 햇살 고운 곳에서 과수나 가꾸면서
여유로운 말년을 보내겠다고 작정했단다

꿈같은 생각 속에
과수(果樹)라고 저절로 자라는 것 아니라는 걸
혼자 감당하기에는 할 일이 너무 많다는 걸
농사는 하늘이 반을 짓는다는 걸
실패가 두려운 늙은이는
쉴 줄도, 포기하기도 어렵다는 걸
움직이지 않으면 몰려드는 외로움을 주체키 어렵고
마누라는 손끝으로 물 튀기며 수다 떨고
살고싶어 한다는 걸 생각지 못했다

아름답지만 헛된 욕심이

몸에 익지 않은 농사일에 매달려
콩팥이 결딴나고 간이 굳어져서
병원 침대 위에 흰 고치를 둘둘 말고 누워서야
뽕잎이나 먹을 걸, 뽕잎이나 먹을 걸
때 늦게 후회하고 후회한다

누에는 고치를 뚫고 나방이 되지만 그는 영면했다

雪中梅

눈 속에 핀 매화
구경한 적 있나요?
옛 사람 시, 그림 속에서
화투장 속 2월 매화는 자주 봤지만
언젠가 텔레비전에서 비춰주기도 했지만

눈 속에 핀 매화
달빛아래 보는 정취
천리를 말 달려 보러갔다는
옛 사람 시를 읽어 본 적도 있고
고결하다고 사군자 첫머리에 치켜세우지만
눈 돌리면 어딘가 피어 있으련만

살기에 급급해서
멋 부리는데 인색했던 내 한평생

작년 가을 담가뒀던
매실주 한 병 들고
고작 무심천 둑길에 흐드러진
밤 벚꽃 놀이에 다리가 무겁다네.

길

보기엔 쭉 뻗은 길,
잘 포장되고 가로수 우거지고
가끔 잎 터진 사이로 햇살이 줄기를 이루는,
친절한 안내판이 곳곳에 걸려있는,
잘못될 염려가 전혀 없는 아름다운 길

길은 보기와는 딴판이었습니다
곳곳이 파이고 자주 꺾이고 꺾였습니다
한눈파는 사이, 착시현상이
언제 어떻게 그런지도 모르는 채
나는 이미 엉뚱한 길에서
헤매 돌고 있었습니다
내가 길을 잘못 든 것을 알았을 때는
되돌아가기엔
나는 이미 많이 허약해져 있었습니다

많은 사람이 잘못된 길을 갔다 후회하지만
모르고 와서 모르는 곳으로 가는 길
같은 길을 떠나도 가는 길은 다르고
다른 길을 갔어도 이른 길은 하나
내가 온 이 길도 분명 그 중 한 길이었습니다.

어떤 생각

산성 길을 걷다가
성벽 가장자리에
시내를 내려다보고 앉아있는
중년 남녀를 보았다
그저 어깨를 살며시 부딪친 채
멍한 듯 멀리 눈길을 주고 있는 모습이
마냥 평온하고 정겹게 느껴졌다

난 메모지를 꺼내 한 줄 적었다
지극히 평화스런 마음속에는 어떤
생각들이 머물러 있을까?

산을 내려와 집으로 향하는 차속에서도
그 생각이 머릿속을 떠나지 않았다
현관문에서 날
마중하고 서있는 아내를 봤을 때
나는 깨달았다 아하

서로를 아끼고 있었던 거야.

있는 이의 행복

내겐 벌써 몇 십 년 채
아프다고 찡그리고 사는 마누라가 있다
때론 마누라가 너무 아파해서
내가 대신 아프게 해 달라고 빌 때도 많다
그럴 때는 온갖 어려운 일들이
내게만 몰려드는 것 같고
칙칙해지는 집안 분위기가 못내 가슴 아프다

그럼에도 나는 행복한 편이다
아픈 마누라라도 옆에 있으니 홀아비 소린 안 듣고
매일 내가 간병해 줄 수도 있어
마누라가 기댈 언덕이 되어주고 있잖나
그윽이 올려다보는 눈길엔 이슬이 맺히고
살며시 잡아주는 손길엔
고마움과 안타까움이 달라붙는다
간혹 아픔이 마을 간 날에는
함께 웃을 수 있어 좋다

행복한 내가 없으면
마누란 또 얼마나 외로울까?

낚시꾼

저수지 한쪽 갈대숲에
밤이슬 맞아가며
밀짚모자에 긴 낚싯대 드리우고
세월을 낚는 사람

저녁놀, 밤하늘 숱한 별들
낚시 밥에 버무리고
먼동 트는 새벽, 밝은 태양도 무덤덤한 채
핏발선 눈으로 찌 하나 쳐다보며
하염없이 기다리는 사람

짝을 찾아 밤새 목메어 부르는
개구리 울음소리 저수지에 가득하고
소쩍새 울음소리 이산저산에 구성져도
구들장 꺼져라 한숨이 목에 절은 여편네
생각은 하지 않고
무념무상, 나조차 잊고 사는 사람

붕어 몇 마리, 비린 손맛과 바꾼
놓쳐버린 어설픈 세월

정물(靜物)

구르다 정지한 듯
금세
떨어질 듯
다이아처럼 영롱하게 빛나는
삼베에 맺힌
물방울

바람 불어도
햇살 고운 날에도
네 속에
그 무엇도 담지 못한 채
간 곳 모르게 가는 일도 없이
그 자리에
마냥
붙박이가 된

곱고 아름다운 물방울

가속기를 밟는 이유

아무나 마구 갖다 버리듯 파묻고 가서
발 디딜 틈도 없는 옛날의 공동묘지 지나
고향길가에 새로이 공원묘지가 생겼다

밤늦게 묘지 앞길을 가고 오노라면
하나같이 삼베옷 입은 사람들, 떼로 몰려나와
한 오백 년 살 것도 아닌데
그 더러운 세상, 왜 살려고 기를 쓰느냐며
다시는 죽을 일 없는 세상
바람과 구름과 별, 나이도 없는 이웃들과
옛이야기 나누고 살면 좋지 않으냐 꾄다

그래도 난 세상이 온통 구린내에 절더라도
삶은 짧고 주검은 긴 것
긴긴날 나눌 사는 이야기 많이
듣고, 보고, 한 보따리 싸갈 수 있도록
사는데까지 살아 보겠노라
오래 기다려야 할 것이라고 가속기를 밟는다

자기들은 썩고 썩어 더 썩을 게 없으련만
조금 썩었다고 세상을 흉보느냐 구두덜대면서

할머니

세상사람 다 늙어도
난 아닐 줄 알았어요.
할머니 쪼글쪼글한 손 징그럽다 밀어내며
할머닌 할머니니까 그런 줄 알았어요
할머니도 탱탱하고 포동포동했던 젊은 날
있었다는 걸 생각도 못했지요.

할머니는 애초부터
내가 사람을 알아볼 때부터 할머니셨거든요
할머니는 내게 할머니로 오셔서
할머니로 사시다가 돌아가셨어요.

입 냄새 난다고 밀어내는 손자 녀석에게
너도 자라서 어른이 되고
이 할아버지처럼 늙어진다고 했더니
발버둥이 치며 저는 절대로 안 늙을 거래요
그 어린애도 늙은 것은 싫은가 봐요.

할머니 미안해요 정말
할아버지가 되어서야 겨우 할머니 손
정겹게 잡아드리지 못한 것 후회하네요

그림자여! 미안하다 4

이루지 못할 사랑에 마음 다치고
세상살이 거친 파도
어느 뉘 하나 손잡아 주는 이도 없고
잡고 싶은 손 하나 없을 때
내 인생이 허망해서 지우고 싶을 때
가눌 수 없이 술에 취해선
난 어느덧 너를 찾는다
네 위에 엎어져서
씨알머리 없는 놈이라고 욕을 해대도
시큼한 오물들을 토해내도
넌 불평 한마디 없이
내가 술 깨고 마음을 다잡아 일어날 때까지
날 붙안고
기다리고 기다려 줬지
내가 다시 생기를 찾고 거리를 활보하면
넌 앞서거니 뒤서거니 하며
활기에 넘쳤지
무능하고 변덕스런 날 주인이라고
모시고 살아야하는
그림자여! 미안하다

스쳐지나가는 것들이 아름답다

지리산 꼭대기서 바라보는 운해가
정말 아름답다거나
정동진 바닷가 시뻘겋게
솟아오르는 아침 해가 장관이라거나
해넘이고개 넘는 해가 연출하는
저녁놀이 황홀하다거나
경포호수 님의 눈동자에 뜨는
달이 멋스럽다거나
하는 것들이 모두
스쳐지나가는 것들이기에 아름답다

언제 어느 때나
볼 수 있는 것이면
하루 종일 똑같은 풍경들을 보아야 한다면
아쉬울 것 하나 없는 그 정경들이
아름답고 황홀할까

스쳐지나가는 것들이 아름답다
인생 백년
터무니없이 스쳐가는 바람

보고 싶다, 정말

보고 싶어
참말 보고 싶다

집안 구석구석
밝은 웃음, 맑은 체취
남겨두고 떠난 너
자다 깬 밤이면 혹시나 돌아왔나
이 방 저 방
기웃대며 불러 봐도
빙긋이 웃는 사진 한 장
대답은 없고
왈칵 눈물만 진다

너 보고 싶어지면
불빛 찾아 날아드는 나방처럼
몸이 저리도록
그리움에 스멀대는 수만 마리 나방들
어느 때나 날라 갈까?

보고 싶어
보고 싶다, 정말

시든 꽃

시든 꽃이라
따 버리지 마세요

한 시절
요염한 자태
뽐내고 고임받던 때가
있었다고
그러는 것 아닙니다

비록 시들어
추한 몰골을
겉으로 드러내고 있어도
그 속엔
다시 한세상 꽃피울
고운 씨앗 하나 품고 있답니다.

짝사랑 2

너의 결혼식장
흰 목련꽃처럼 활짝 피어있는 네 모습
본 순간 포탄이 뚫고 지나간 것처럼
내 가슴 뻥 뚫렸어
자석에 달라붙는 쇳가루처럼
심장도 허파도 내장까지도 다 딸려갔지만
너를 기억할 수 있는,
그리워할 수 있는 머리가 남아
허깨비로라도 나는 아직 살아있어
잊어야지 하면서도
잊히지 않는, 잃어버리기 싫은 너
행복한 네 모습에 박수를 보내면서도
시린 바람에 상처가 아리고
금계랍 먹은 것처럼 쓰디써 두 손
마주잡고 한 덩이 돌멩이인양 살아온 날들이
아름답고 소중하게 느껴지는 건
아침햇살에 반짝이는 흰 눈처럼
때 묻지 않은 사랑
남은 날들도 뚫린 가슴
그리움으로 메워가며 살거야

짝사랑 3

누이의 가슴에 안겨
해맑게 웃고 있는 티 없이 고운 아기
"예쁘지? 우리 딸"
"그래, 누이를 닮았어."
목련꽃봉오리처럼 깨끗하고 고왔던 시절의 누이

그렇게 사랑스러울 수가,
질투하던 마음까지도
부끄러워지는 예쁜 아기
내 아기였으면…
망령된 생각이 고개를 흔들게 하는데

아기를 안고
소금에 절인 배추처럼 행복에 절은 누이 모습
활짝 핀 5월의 장미꽃처럼
탐스럽고 아름다워,
아니 장미꽃보다 더

속절없는 그리움에
하얗게 지샐 숱한 밤이여
꿈속에서나마 내가 누이의 하늘이기를!

금요일에 만나는 여자

금요일에 만나는,
지금 막, 구름 빠져나온 달처럼
아름다운 여자

세상사 모두 알만큼 알고
모질고 거센 풍파 다 겪어냈어도
아직은 버리지 못한 한 가지 미련
시 같은 삶을 살고파
삶 같은 시를 쓰고 싶어 하는
아름다운 여자

지난날 세월의 얼룩
허물조차 맑게 씻긴 얼굴로
갈망 끝에 얻은 시 한편 읽어내는

어느 결엔가
봄볕처럼 게슴츠레
내 가슴 울렁이게 하는
아름다운 그 여자.

잃어버린 한 구절

잡기장을 뒤적이다가
휘갈겨 쓴, 알 수 없는 한 구절을 봤다

“하늘의 언덕엔 불이 자란다.”

어떤 연상의 끝에 썼는지
퍼뜩 떠오른 이미지를 옮겨 적은 건지
무심히 적었던 낙서일 뿐인지
어느 날인가 잃어버린 기억은
아무리 더듬어 봐도
그 처음을 찾아낼 수가 없다
분명 내 잡기장에, 내 필체로 쓴 한 줄

몇몇 지인에게 가볍게 무슨 느낌일까 물어봤다
누구는 추상이라 하고 또
누구는 구체라 했다

한 자락 남은 노을이 애써 아름다운 것은
잃어버린 그 한 구절 때문일까?

짝사랑 4

네게로 가는 길은 여러 갈래였지만
그 어느 길로도 네게 갈 수는 없었다
나는 항상 가다가
마음 약해져 멈칫거리고
에돌다 가던 길을 되돌아 왔었으니까

어디로 가도
네게 이어진 길이었기에
돌아오던 길도
결국은 네게로 가는 길이었다
나는 끊임없이 네게로 가고 싶었으니까

영원이란 내가 살아있는 동안
그 영원의 시간을 나는
끈질기게 네게로
가는 길을 가고 있을 거야

세월 따라 길은 점점
아스라이 멀어지고 번번이
가다가 네 언저리에서 되돌아올지라도

짝사랑 5(어리석은 사랑)

가득차도 넘치지 못하고
너울져 밀려와도
가슴속 쪽빛 멍울로나 남는 사랑

우물처럼 퍼내고
퍼내도 다시 고이고
물속에 뿌릴 박고 서있는 갈대처럼
마시고 마셔도 가시지 않는 목마름

그 사랑, 생각날 때면
난 항상 가을에 살아
텅 빈 들판에 남겨진 허수아비
초라한 행색
버리지 못한 아쉬움에 눈물나는 것

평생을 그리워하면서도 한 번도
짝 지워져 본일 없는 어리석은 사랑
언젠가 새빨간 저녁노을로
사위어질 사랑

사랑하는 것. 받느니보다 더 행복하나니

짝사랑 6(하얀 편지)

평생 처음 받아본 누이의 편지
겉봉에 적힌 그리웠던 이름을 본 순간
머릿속이 하얘지고 까무러질 듯 아뜩했습니다

설마 누이가 편지를 다 주셨을까?
조심스레 겉봉을 뜯는 내 손이 후들거렸습니다
접힌 편지지를 뜨거워진 두 손으로 펼쳤을 때
아! 거기, 놀랍게도 글자 한자 없는 흰 종이였습니다

실망, 낙담, 무엇을 읽으라 하시는 건가요?
짓궂은 장난은 아니겠지요? 혹여
'나도 널 사랑한다.' 그렇게 읽으라는 건 아니겠지요?
흰 종이엔 누구라도 그림을 그릴 수는 있어도
나와 넌 더 이상의 연분이 없어
사랑을 받을 수도, 줄 수도 없는 처지라는 걸, 그것
짝사랑이란 걸 읽어 내라는 것이겠지요?

편지지 가득 하얗게 적어 보낸,
반세기를 두고 읽었어도 아직 다 못 읽은 긴 사연
누이의 이름이 적힌 그 봉투 속에, 아니
가슴속 지워지지 않는 멍으로 새겨졌습니다.

짝사랑 7

나 이대로, 지금보다
더는 아프지 말고 성한 몸으로
널 그리며 살고 싶어
지금이라도, 내일이 돼도 좋지만
숨이 멎는 순간까지도 내가 너무 아파서
또는 기력이 쇠해서 그리워도
그리움조차 느낄 수 없는 일, 없었으면

잎 떨어지고 허물 벗고
앙상한 속살만으로
찬바람 속 천년을 버틴다는 주목처럼
그것이 사랑의 고전일지라도
해바라기 같은 그리움으로 살고 싶어

널 사랑해서 그리워하는 사람
진정으로 행복을 빌어주는 사람
그 사람이 나란 것만으로

마지막 순간까지 후회도 원망도 없는
단지 곱고 고운 사랑만으로
그리워하며 살 수 있기를 빌고 있어요.

제 4 부

네 생각이 난다

네 생각이 난다

길을 가다가도
문득 네 생각이 나고
책을 읽다가도
네 모습이 글 위에 겹쳐지고
꽃이 피어도,
비가 와도,
눈이 내려도 네 생각이 난다

새벽 단잠을 깨고 나면
울컥 치미는 그리움은 항상 너였다
먼동이 트는 하늘에
방긋 웃는 해처럼 네가 오면
종일 네 생각을 떨치지 못하고 결국
밤하늘 눈물 같은 별이 되어 흐른다

야속해서, 야속해서 도리질을 쳐도
칠수록 더 똑똑하게, 미치도록 똑똑하게
부질없게도 네 생각이 난다

너를 생각하다 정녕
내가 말라죽을 모양이다

입춘

벌써 봄이 오는 건가요

작년 가을 시든
잔디가
노랗게 남은 마당에
햇살이 따갑다고
꼼지락거리는 것 있네요

말라빠졌던 그 풀밭에
꼬물거리는 새싹들

아직
천지가 눈빛에 가렸어도
바라보는 가슴에
연둣빛
사랑이 꼬물대네요.

겨울 꽃

벌써 낼 모래가 입춘
은연중
쫓기듯 가는 세월
한탄했더니
뉜가
밤새 북창을 두드려
눈뜨자
창문 열고 내다보니
뒷동산 솔밭에
수 억 송이 눈꽃을 피워놓고
봄은 아직이어도
나만이 할 수 있는, 꽃
피웠노라
삭풍이 의기양양
우쭐대고 섰다
놀란 나를 와락 껴안는다.

술 먹은 개

나도 한번 망가져 보고 싶다
휘청거리고, 게걸대며, 쏘다녀보고 싶다
달보고 짖는 개처럼
날 우습게 보는 세상을 향해
기운이 하늘에 뻗친 듯이
눈 아래 사람이 없는 듯이 짖어보고 싶다

살아온 내내 변화가 두려워
허룽대고 흐트러진 모습 보인일 없는 사람
미운 놈 있어도 밉다고 못해보고
그리운 사람 있어도 그립다 못해 본체
체면치레에, 예의바른 척하며 살아온,
쓸데없이 나이만 먹은 날들
다 이르집도록 헝클어보고 싶다

나도 한번 술 취한 개가 되어
번드러운 겉치레에, 거짓으로 가득 찬 세상
상처만 남을 걸 알지만
속마음대로 짖어보고 싶다
욕하면서 닮아가는 스스로가 미워서
나도 한번 막된 개고기가 되어보고 싶다

따뜻한 손

살면서
길 잃어보지 않은 사람 있으랴
반듯하게 쭉 뻗은 길일지라도
넋 놓고 가다보면
가야할 길에서 멀어지는 때 있는 것을

잃어버린
길 위에서 헤매본 사람은 알리라
잡아주는 따뜻한 손 하나
밤길을 비춰주는 등불인 것을

강과 산과 들이 그리는 풍광이
아무리 아름다울지라도
삶을 포근하고 찰지게 해주는
어려울 때 잡아주는
따뜻한 손 하나만 할까

좌우명(座右銘)

한평생 좌우명
한두 개 없었던 이 있을까

사리에 꼭 맞고
가르쳐주고 이끌어줄 만한 것

왼쪽에 하나,
바른쪽에 또 하나
열심히 적어 놨어도

세월에
색이 바래서
못 지킨 게 그거라네

진달래꽃

봄을 알리는 꽃이
어찌 진달래뿐이랴
철쭉꽃처럼 화려(華麗)하지도
영산홍처럼 다보록하지 않아도
엉성한 듯 순박하게
봄이라 피는, 여리고 엷은 분홍 꽃

양지바른 곳이면
비탈지고 척박한 땅 가리지 않고 피워내는
열여섯 소녀의 생뚱맞은 사랑 같은 꽃

고픈 사랑 다 채워주지는 못해도
가냘프고 고운 여인들의 손길 따라
부꾸미 위에도 피어나는 꽃

첫아이 낳은 엄마
아기 젖 물리려 풀어헤친 가슴
같은 꽃

겨울나무

버려두고 몽땅 떠나갔어도
헐벗은 채 그 자리에 서 있는 겨울나무

삭풍이 지나다가
빈가지 흔들어 약을 올려도
화내지 않고 고개만 끄덕이는 겨울나무

비웃지 마라
측은하게 여기지도 마라
동정은 더더욱 사양 할란다.
삭풍, 네가 감때사나워 모든 잎들이
겉으론 널 따라 떠났지만은
내 속엔 그네
사랑이 남아 갈무리되어 있단다

멀리 남쪽 산기슭에
아지랑이 아롱거리는 때면
그 사랑 다시 잎눈을 틔울 것이고
햇살이 뜨거워지는 계절이면
소나기 쏟아지는 속에 무성해지리니

어머니 수제비

전쟁이 끝나고 너나없이 어렵던 시절
포대(布袋)에 악수하는 그림 그려진 구호품 밀가루
그걸로 어머니는 수제비를 자주 해주셨다
반죽을 힘들게 치대야하고 홍두깨로 밀고
썰어야하는 칼국수보다 만들기 쉬웠기 때문이다
멸치 우려낸 물에 대파 숭숭 썰어 넣고
감자 얇게 빚어 넣은 뒤
밀가루반죽 묽게 해서 주걱으로 떠서는
놋젓가락으로 쳐내듯 수제비를 뜨셨다
수제비 두께가 똑 고르고 얇아서
골고루 잘 익고 쫄깃하니 맛이 좋았다

어쩌다 수제비 해먹자고 하면 마누란
약간 되게 반죽한 밀가루를
손으로 조물조물해서 뜯어 넣는다
두께가 고르지 않아 두꺼운 곳은 잘 안 익어
껄껄해서 맛이 없다고
어머니처럼 젓가락으로 얇게 빚어보라 투정했더니
아예 수제비가 밥상에 오르지 않는다

괜한 소리를 했나 봐요 어머니!

지금도 그게 궁금하다

아직도 궁금한 게 있다
베트남전쟁 때, 행정을 보던 내가
파견나간 수색중대
참호에서
순찰을 돌던 가시나무 숲길에서
베트콩을 맞닥뜨렸더라면
내가 그를 쏘았을까
아니면 내가
그의 총알받이가 되었을까
차마 방아쇠를 당기지 못하고 망설이다가
그가 쏜 총알을 맞고
죽어라 날 기다리던 마누라한테
전사통지서나 안겨주지 않았을까

지금도 그게 궁금하다
그 전장에서
베트콩을 한번이라도 맞닥뜨렸더라면
내 인생이 어떻게 변해 있을까

영산홍, 막걸리를 좋아해

겨우내 베란다에 한두 송이씩
철모르고 피고 지던 영산홍
봄이 다 가는데도 그럭저럭 몇 송이
감질나게 피우더군

늦은 봄빛이 화창하던 어느 날
우리 부부 마주앉아
막걸리로 봄 추념하는데
영산홍이 입맛 다시고 쳐다보며
야속하고 박정하다 푸념하데
한 대접 가득 따라 권했더니 안주도 없이
숨도 안 쉬고 들이키더군.

며칠을 비실비실 비틀대나 했는데
오늘 아침 때늦게 수십 송이 꽃을 활짝 피웠어

꽃나무하고라도
술은 함께, 나눠 먹어야 맛
영산홍도 막걸리를 좋아하더라니까

양버즘나무

한적한 개울가
제멋대로 자라서 우람해진
양버즘나무
가지 무성한 속에 까치집이 세 채

화려하고 번잡한 길거리에 서 있다가
매년 몽당발이로 잘려서
맘껏 자라보지도 못하는 도시의
가로수와 달리
외떨어진 개울가 둔덕에 자릴 잡아
마음껏 자라도
무허가로 까치가 집을 지어도
누가 뭐라지 않고

바람만이 흔들어보고 가는 양버즘나무

사흘은 더 살고 싶다

내 아내는 나보다
사흘만 더 살고 싶단다
내 장례는 자기 손으로 치르고
평생을 함께 한 사람
애간장 끊어가며
슬피 울어보고 싶단다

자기가 먼저 죽는다고
내 마음이
흐트러지지는 않을 것을 믿지만
어느 한 구석에라도
외로움 끝에 망령스럽게
다른 이의 그림자가 스미는 것도 싫단다

지금부터는 내가
모든 걸 내려놓는 순간까지
나의 단 하나 사랑이고 싶단다.

그 나이에도 꼭두서니 물든 얼굴을 하고

속 귀거래사 2

동구 밖 도랑가에 양버즘나무
제멋대로 자라서 누가
가꾸지 않아도 저 홀로도 무성하더라만

논매고 밭가는 일, 낯설고 힘들어서 못하겠고
돈벌이 일터는 나이 많다고 끼워주지 않고
친구 만나 막걸리 푸념에 하루
피곤해서 하루 쉬고, 일 없어 이틀 쉬고
쉬다보니 사흘 넘겨 일주일은 금방이지만
쉬는 데 이골이 났어도 어차피 바람은 스쳐가기 마련

구름이 숨어버린 햇볕 좋은 날엔
차를 달려 산천 구경하고 바람 부는 겨울밤엔
뒤 솔밭 말 우는 소리 귀를 세우고
함박눈 나리면 온통 들판에 널린 백지 수표에
금액은 내 맘대로 써넣고
도장 마구 꾹꾹 눌러 찍을 생각하며 늙어도
예쁜 마누라, 따뜻한 금침 속 꿈길을 헤매다 보면

세상이사 어떻게 변해도 난 모르리
누가 뭐래도 나는 알바 없느니

알다가도 모를 일

그녀의 입을 나온 말들은
대부분 남 걱정하는 얘기들이다
제 앞도 못 가리면서 남 걱정은 왜 그리 많은지
또 왜 남들은 해결할 능력도 없는 그녀에게
시시콜콜 속내를 털어 놓는지

노란 가로등이 밤새도록
불빛을 비춰줘도 말없는 전신주처럼
그녀는 남의 이야기를 열심히 듣고만 있다
지루한 걸 참고 있는 건지는 모르지만
다음이 궁금한 사람처럼
아이고, 그래서, 저런, 어쩜, 쯧쯧
짧은 말들로 맞장구를 쳐가며 뽕짝을 맞추면
남들은 신이 나서 비밀스런 하소연을 늘어놓는다

싫도록 남 말 들어놓고 뒤에 가선
겨우 한다는 소리가 "어쩌면 좋으니"하고
되레 의견을 묻는 게 고작인데
멋진 해결책이라도
얻은 것처럼 의기양양해서
돌아가는 그 사람들 알다가도 모르겠다

산당화

봄이라 피는 꽃이 어찌 한둘일까 만
뜨겁기로는 핏빛처럼,
천성이 붉은 *산당화를 당할 수 있으랴

뜨거운 정열 안으로만 갈무리하다
더부룩한 떨기 속에 수줍게
손가락사이를 비집듯 갸웃이,
밥물이 끓어 솥뚜껑 들고 나오듯
주체할 수 없이 넘쳐나는 끼를 발산하는 꽃

척박한 땅에 뿌릴 박고 살아도
메마른 햇살 아래 끈질긴 생명력
뜨거운 정열만으로 꽃피워 열매를 맺었건만
반겨 맞아주는 이 없으니

못난 자식 둔 어미처럼
풀어내지 못한 한, 응어리져서
나도 능금이라
외치고 외치다 기진(氣盡)하여
누런 모과처럼 변하고만 산당화 열매

상이군경

가뭄 속에 6월이 다시 지나갔다

몸뚱이 어딘가를 전쟁터에 잃어버리고
손대신 갈고리를 박았거나
목발을 짚은 상이군경
달리는 기차 속에서, 사무실에 찾아와서
불쑥 물건을 들이밀며 막무가내로 사라고 강요하면
우선 겁도 나고 불쾌했지만
전쟁으로 피폐해진 땅, 나라에서도 거둘 수 없던
모진 목숨 살겠다고 몸부림치던 그들
불쌍해서, 마지못해, 없는 돈으로 사던 시절이 있었다

옛 기억이 아련할 즈음에 내게도
상이군경증이 배달됐다
내 딴에는 남보다 부지런히 운동도 하고
섭생에도 신경을 써 왔지만 사는 내내
디스크, 천식, 축농증, 중이염, 백내장, 관절염,
치질, 피부병, 위장병 등이 빈발하더니
편평세포암 수술에 이어 전립선암 3기로 수술했다
예전엔 몰랐지만 1년여의
월남전 참전이 가져온 고엽제 후유증이란다

병치레에 많은 시간을 보냈어도
아직도 투병중인데다 잔병에 시달리고 있어
언제 더 지독한 병이 나타날지 몰라 전전긍긍
그래도 난 그 옛날의 상이군경들 보다는
백배 천배 행복하다

나라가 필요할 때 몸 바치는 것 국민된 도리
뒤늦게나마 잊지 않고
나라에서 치료는 물론 생활비까지 보조해주니
고맙고 한편으로 미안하다
이 모두 그 옛날 나라위해 몸 바친 분들
또 각계각층에서 부강한 나라를 만들려고
몸이 부서져라 일하고 있는
내 나라 온 국민들의 덕분임을
고맙고 고맙게 생각한다

망발(妄發)

부자가 천당 가기는 낙타가
바늘구멍 지나가기보다 어렵다고 하더라
했더니 어느 재벌이 코웃음 쳤다더라

바늘귀가 실이나 꿰는 것이란 생각을 버려라
그러니 맨날 고 모양 그 꼴이지
코끼리라도 빠져나갈 바늘귀를 만들면 되지
기어코 천당에 갈 수 없다면
아예 이곳에다 천당을 짓고 살면 되고
돈은 얼마든지 꿀 수 있으니까

그래도 아무리 그래도
겨우 백년, 늙어 죽는 것 피할 수 없고
이왕에 천당에도 못 간다면 지옥에 가지 뭐
나쁜 놈들만 우글거린다는 곳이니
뇌물 좀 주면 염라대왕 아랫것들,
장관 몇쯤이야 어떻게든 삶아질 것이고

꼴사나운 꼴 실컷 즐기며
고임 받고 살면
밋밋한 천당보다 지옥이 낫지 않을까

짝사랑 9

사랑하는 날에도 달은 지고
이별이 아무리 서러워도 해는 뜨더라.

누구를 사랑하고, 사랑할 수 있다는 것, 나
그렇게 멋지고 자랑스러울 수가 없어
돌려받지 못할 사랑이라도
언제까지고 줄 수 있는 건 짝사랑

달빛에 벼린 날카로운 칼이 내 맘
깊은 곳에 아물지 않는 상처를 낼 지라도
그리움이 병이 되고 죽음에 이르게 할지라도
네 사랑을 구걸하지는 않을거야

사랑의 열병을 고칠 수 있는 것은
더 많이, 더 깊게, 더 뜨거운 사랑을 하는 것
어딘가 네가 살아
그리워할 수 있는 것만으로도
난 살아갈 이유가 되고 행복할 수 있어

짝사랑, 슬프지만 그것도 사랑인 걸
포기하지 않은 사랑은 실패한 것이 아니잖아

허무 2

켜켜이 쌓인 세월
여기 나를 머무르게 한 것은
미련과 체념뿐이다

참고 견뎌야했던 긴 기다림 끝에
무르녹은 영혼일지라도
돌아보면 삶의 굴곡마다
덕지덕지 낀 때, 고개를 절레절레
흔들게 하는 것들 뿐

스스로를 사랑할 줄 모르면서
나 끝없이
한 마리 파랑새
사랑만을 찾아 헤맸었다

바라보면 하늘 저편을 날던 새
어느 순간 검붉은 노을 속으로 스러지고
남는 건 '허무' 뿐

가로수 밑동만 남은 사연

고향 가는 한길 가에
낯선 가로수 메타세쿼이어
이름도 처음 듣는 그 나무
작은 개울둑을 따라 난 길에 촘촘히 심어졌다
그 나무 하루가 다르게 자라서
몇 년이 지나니 생각했던 것보다 엄청
엄청 빨리 우람해졌고
길과 들판에 그늘과 멋을 함께 드리워줬다
아름드리로 나무가 크다보니
논밭에 그늘이 져서 일조량이 부족해지고
가을이면 많은 잎이 동리로 날라 와서
마을 사람들이 들고 일어났다
결국 그 멋스럽던 가로수들은
어느 날 밑동만 남긴 채 잘려지고 말았다

고향 가고 오는 길가에
멋스러워도 어처구니라서 등걸만 남게 된
그 나무 심고 가꾸고 베느라 아까운 돈 처들인
사람들 고개를 갸웃하게 만든다

달개비를 아느냐

꽃말이 '순간의 즐거움'이라던가
누군 달개비 꽃물이 좋아 시 한수 읊었더란다
달개비는 어떻게 생겼을까 사전을 찾아보니
"달개비 : (식)닭의장풀"이라 써 있다
처음 들어본 이름이라 또 찾아봤다
"닭의장풀 : (식)닭의장풀과의 일년초. 줄기는 마디가
굵고 잎은 피침형임. 한 여름에 흰 꽃이 핌."
피침형은 어떤 모양일까
우선 피침(披針)을 찾아 봤더니 사전엔 바소라 써 있다
바소는 또 뭘까
곪은 데를 째는 침(針)이란다
말만 가지곤 몰라서 인터넷에서 사진을 찾아봤더니
다른 이름도 많고 꽃모양도 색깔도 한두 가지가 아니다
한 가지 풀에 이름이 여럿인지
여러 가지 풀에 한 가지 이름이 붙은 건지
혹 그동안 유전자 변형을 일으킨 것은 아닌지
그것도 모르느냐고 놀리는지 알쏭달쏭하다

달개비, 모르면 어떻고 안다고 뭐 다르랴
그게 그건데도 선거철만 되면 문패를 바꿔다는 사람들
새 이름 짓기 좋아하는 사람들에게나 물어볼 일이다

천재

하얀 백지 위에 그림을 그리면
얼룩진 종이에 그리는 그림보다 선명하다

하나뿐인 예쁜 딸이
세 살에 만화를 읽고 한글을 쓰고
가르쳐주는 대로, 어떤 때는
가르친 것보다 더 많이 익히고 깨달을 때
자식 사랑에 눈먼 난
천재가 났다고 즐거워하고 자랑했다

세상에 태어나 때묻지 않은 아가들은
하나 들으면 열을 안다고 할만치
빠르게 세상을 익혀간다는 걸 생각지 못했다
천재가 아니라는 걸 아는데
그렇게 긴 시간이 걸리지 않았다

그렇다고 실망할 건 아니다
천재이기보다 품성이 아름답고 겸손하며
성실한 사람이면 되지 않을까

그 애는 예사로운 가정주부로 만족하고 있다

나뭇잎

나는 나뭇잎

무성한 잎들에 섞여
따로 이름도 없고
남들과 구분도 되지 않는
있어도 없는 것 같은 나, 하나
더 있다고 달라질 것도, 좋을 것도
없는 나뭇잎

가을이 오던 그 어느 날
스쳐지나가던 바람에 떨어져
굴러간 나뭇잎
누구도 서러워 않고 잡아주지도 않던
나하나 없다고 달라질 것도
나쁠 것도 없는
나뭇잎

알아주고 챙겨주는 이 없어도
모두를 위한 하나
나는 나뭇잎

가을 장미

화살처럼 쏘아오는 가을볕이
등허리를 따끔거리게 할 즈음
무심천 둑길
잎 진 넝쿨장미 가지에
철지난 꽃 몇 송이

흐드러지지도 못하고
어쩜 초연한 듯
한가하고 쓸쓸하게 메말라가는 꽃

한두 마리 벌이 찾아왔다 이내 떠나버린다

여름 보내고 남는 여운처럼
아쉬움에 붉어진
벌 나비 찾지 않는 철지난 꽃일지라도
내 가슴 가득 안아보고 싶다
사랑이 하고 싶다

사랑을 놀이로 하자던…

사랑을 놀이로 하자던 여인이 있었습니다

가까이 있어도 멀리
멀리 있어도 가깝게 느끼면서
없는 마음 빌려서라도
그리웠노라 편지를 쓰고
보고 싶다 전화를 하고
간절한 사랑의 시를 적어 보내서
정말처럼
사랑놀이를 하자던 여인이 있었습니다

내겐 사랑하는 짝이 있어서
다른 이에게 나누어줄 사랑도
사랑 놀음 할 여가도 없다 했습니다

가을처럼 다가왔다
못내 서운한 표정으로 돌아선 여인
가고 오지 않으니 보고파지네요.

죽음, 그리고 사랑

"너는 땀을 흘려야 빵을 먹고 마침내 땅으로,
너는 흙이니 흙으로 돌아갈 것이다"
라고 말한 종교가 있습니다
태어나는 것이 나의 소망이 아니었던 것처럼
죽음도 바라는 바가 아닙니다마는

어미의 자궁 속을 헤집고 나올 때는
빛과 소음 속에 내던져지는 것이 두려워 울었고
죽을 때는 빛과 소음에 절어 산 한 생이
듣도 보도 못하는 **어둠과 고요** 속에 눕는 것이 겁나서
미어지는 울음을 삼키는 것이지요

끌어안고 놓치지 않으려 애닳아 하던 것들
모두 던져버리고 숨조차 끊고 가야 하는 죽음은
살아서 만났던 모두와의 마지막 이별
은원의 끝이요 눈물과 웃음의 끝,
마지막 자선이자 사랑

제 어미의 몸을 빌려 태어난 것들에겐
죽음은 필연이어서 죽음이 사랑일 수 있습니다
아니 **사랑입니다**.

길 아닌 길

세상엔 누구나
빠르고 쉽게 갈 수 있도록
수많은 길이 만들어져 있고

바르게 알고 옳게 가도록 가르쳐주는
넘치도록 수많은 책이 있고
학교도 있고

순탄한 길을 가라
손잡아 끌어주는 부모형제
다정한 친구들이 있고

그런데도 애써 길 아닌 길을 가려는 너

도전은 아름다운 것이라고
박수만 칠 수 없는 건
넌 내 새끼

세상은 불도저처럼
새 길을 닦아가는 사람들의 것이긴 해도
부모는 항상 불안하고 미덥지 않단다

일주일이 남았다면*

자동차 매연에 찌든 보도블록 틈바구니에서
노란 꽃을 피운 민들레를 본적이 있나요

설사 어느 순간 지나는 이의 발길에
문드러질 수 있어도 꽃을 피웠지 않나요
벌 나비를 부르지 않나요
삶은 그처럼 모질고 끈질기지요
사랑은 그처럼 무모한 것이거든요
민들레는 스스로를 사랑해서 꽃을 피우고
꽃대를 높이 세워 바람을 기다리지요
죽음조차 두려워하지 않는 건 참 사랑뿐이랍니다

당신에게 일주일이 남았다면
슬픔으로 아까운 날을 허송하지 마세요.
하루를 사는 하루살이도
제 삶을 사랑해서 춤추지 않나요
더 많은 세월이 남았다고 생각하는 지금부터
내 삶을 사랑하세요
유한한 삶을 사랑하는 사람만이
마지막 순간을 평안하게 맞을 수 있거든요.

* 일주일이 남았다면 : 커렌와이어트 지음, 이은경 옮긴 책 이름

씨 없는 감

감에 씨가 없다
꺾꽂이를 하는 걸까?
접을 붙였을까? 아니면
약이라도 쳐서 유전자가 바뀌었을까?

감 씨를 심으면 고욤나무가 난다던데
고욤나무에 감나무 접을 붙여야 감나무가 된다던데

중구난방이지만 씨 없는 감나무는
지형이나 기후 탓에
수분(受粉)을 못해 씨 없는 감이 달린다고 한다

문득 요즘 활발한 줄기세포 연구나
유전자변형 연구 같은 것들이
사람도 씨 없는 아기를 낳게 할 수 있지 않을까?

착하고 예쁘고 홍시처럼 발그레한,
보드랍고 말랑하고 차지고 감칠맛 나는 씨 없는
아기만 낳게 할 수 있지 않을까?

그럼 세상 참 맑아지고 몽실몽실해 지련만

삭감말(石間洞)

높은 산이 동쪽과 서쪽을 가린 골짜기
하루해가 짧다
산비탈 밭엔 유독 돌이 많다
골짜기가 십리에 뻗쳐있어
땅은 척박하고
인가는 띄엄띄엄 서있어 한적하다

6.25 때는 인민군 퇴각로일 정도로 험한 산골
소 울음소리로나 깨어나던 적막한 골짜기
언제부턴가 이곳에도 신작로가 생겨서
이티재를 넘어 초정으로 가려는 차들이 지나갔다

개울에 그 많던 가재가 사라지면서
이십여 호가 실했던 마을이 대여섯 집 남았고
그것도 토박이는 두 집뿐이다

가을이면 마을 앞 우물터였던 자리에 난
은행나무 한 그루가 어디 멀리서 수 꽃가루를 받아
은행을 주렁주렁 매달았다

오늘도 마을 앞 버스정류장은 저 혼자 외롭다

시란 이름의 어려운 시

나는 왜 이 모양일까
멍청이 바보인가 봐
그의 시집 한 권을 몇 번이나 읽었어도
단 한 편도 무얼 쓴 건지
모르겠다는 것 말고는 느껴지는 것도 없으니
내가 무식하고 감성이 둔해서,
읽으면서 몇 줄 앞의 내용을 잊어버리는
무딘 기억력 탓일까

그의 시, 해학? 풍자? 심오한 철학?
난해한 이미지의 범벅 같은,
얼토당토않은 것 같은 은유로 가득한 시
그는 대학 문창과 교수님
아홉 권이라던가 시집을 내셨고
전문가들은 모두 훌륭한 시를 썼다고 인정해서
내로라하는 문학상은 다 수상하셨다는데
남들은 다 아는 걸 나만 모르나?

세상엔 나 같은 얼간이들이 많은 걸까
도서관 서가에 꽂힌 뒤로
먼지가 뽀얗게 그저 모셔져 있을 뿐인 시집

낯선 언어로 말하는 것이 시라고
독자들은 시를 이해하려말고 느껴야 한다지만
읽을수록 주눅이 드는 어려운 시
책 말미에 해설을 쓴 사람도 다 알고 쓴 것
같지는 않고 시간이 좀 흐르면 아마
작가도 왜 그렇게 썼는지 모르지 않을까

누가 그걸 사서 볼까
구색을 갖춰야 할 도서관이나
그 시인에게서 시를 배우는 학생들이나
그 시인이 심사위원인 신문잡지에 등단하려는 사람
마지못해 사주는 것이 고작 아닐까

읽어도 모르는데 쓴다는 건 언감생심이지만
몰라도 아는 척 나도 그런 시
한번 쓸 수 있게 되었으면 좋겠다
세상은 논리적으로 설명할 수 없는 사실들로
가득하지 않던가

그러나 너도 나도 찾아 읽는 시였으면 더 좋겠다

윤회(輪廻)

살아생전 좋은 일만 한
짐승과 물고기, 버러지가 많았던가?

그것들이 인간으로 환생하는 바람에
인구는
걷잡을 수 없이 늘어나고

전생이 짐승이나 물고기
버러지였던 사람
사람으로 살아보니 서로
샘내고 미워하는
썩어버린 세상이 지겹고
인간으로 되 태어날까 두려워
전생으로 돌아가자고
마구잡이로 나쁜 짓만 하는가?

그래서 인간 세상에 죄악이 창궐하는가?

행운을 펴는 시상, 행복을 주는 시인

－삶의 한 결에 서서

증 재 록
(시인, 한국문인협회 홍보위원)

1. 길을 더듬으며 펴내는 흔적

행복을 찾을까? 행운을 찾을까? 아직 황사 바람 도리질하며 가녀린 꼬리 늘여있는데 여기저기 푸릇푸릇 풀밭을 기웃거리는 늘씬한 신사, 5월의 꽃이라 불리는 클로버가 파랗게 돋기도 전 네 잎 찾아 시심 품어내기다.

매주 금요일이면 노신사의 풀밭 누비기는 시작되어 1년 내내 마주치는 이들, 특히 시를 사랑하는 이들에게는 어김없이 네 잎 클로버를 안겨준다. "그대여! 행운 있으시길," 네 잎 클로버는 행운이고 세 잎 클로버는 행복이라고, 행운을 찾는 이는 행복을 바탕에 두고 있어야 한다고, 행복하기에 행운을 찾는단다.

시인을 따라가며 그의 발자국을 뒤적인다. 돌아본다. 60~70년대 생활혁명을 이루며 종일토록 방을 따끈하게 해준 연료인 연탄, 한 장의 연탄에도 바들바들 떨며 새까맣게 마음 태웠던 가난한 사람의 저린 눈물을 닦아주려 동분서주 청춘 사르던 발품, 그가 이제 고희를 한참 넘기고 고갯마루에 올라 서녘을 바라보면서 황혼 노을에 촉촉하다. 스스로 돌아본다. 흘러가는 자리, 흘러가는 자신, 그리고 읊조린다.

그저 흘러가렵니다 / 물길 닿는 대로 스스로는 멈추지 않고 / 낮은 곳으로만 흘러가렵니다 // 먼저 가려고도 / 부러 뒤처지지도 않겠습니다 / 가다가 뉘 막아서면 비껴가거나 / 길을 터 줄 때까지 기다리렵니다 // 중략 // 바다에 이를 때까지 멈추지 아니하고 / 그저 흘러가렵니다.

—시 〈수류(水流)〉에서

이때부터 시인은 아호(雅號)를 수류(水流)라 한다. 언젠가 수류시인에게 "시인님! 그저 흘러가는 길에 순응하지만 마시고 한 번쯤 휘돌아치기도 하셔야죠." 그때 시인은 그저 묵묵 미소만 지었다. 이제 그 미소의 뜻을 알겠다.

흐른다는 것은 만고풍상을 다 겪은 후에나 가능하다는 것을, 세계평화를 위한 월남전 참전 후 돌아온 시인은 디스크, 천식, 축농증, 중이염, 백내장, 관절염, 치질 피부병, 위장병 그리고 편평세포암에 이르러 전립선암 3기로 고엽제 후유증, 그런 고통 속의 삶이었다. 그러나 웃음을 잃지 않고 소망이 담겨진 가치를 펴며 참전상이용사로 가족과 사회, 나라를 사랑한다. 수류시인은 누구보다 짙은 아픔이 있다.

사랑의 분신인 한 점 귀여운 혈손을 먼저 저 세상으로 보낸 애통이다. 스스로 달래고 소화하며 내색하지 않는다.

수심이 드리울 만도 하지만 아무렇지도 않은 듯, 누구든 만나면 제일 먼저 행운을 나누어주고 정성을 다해 시를 쓰고 그 시를 낭독한다. 오히려 그 모습이 비감을 삭이게 하고, 통증과 떨림이 새겨져 있는 그의 목소리에서 지난날을 새겨보게 한다.

지난날에 대한 인식은 갈 수 없는 자리에서 사라졌다와 없다에 대한 그리움이다. 끝내 바다까지 이르지 못하고 사라지는 것들이 얼마나 많았던가. 한평생을 산다는 것도 그렇다. 희로애락 다 겪은 후에나 과거를 회고할 수 있는 자리에 서게 된다.

태어나 일곱 번 변하는 강산을 딛고 오른 지난 성상, 휘돌며 고비 친 굽잇길에서 돌아보고 그리워하는 정서, 마지막이란 이름을 달고 펴낸다는 시집의 머리글에서 수류시인은 심신을 다하였다고 한다. 정답이 없는 시쓰기에서 나름대로 헤쳐 온 길을 더듬으며 펴내는 흔적, 무슨 토를 달 수 있겠는가.

청춘의 들뜬 낭만도 아니고, 고립된 사각의 틀 안에서 바라보는 허무적 감상도 아닌, 가시밭 같은 현실의 길을 담담하게 걸으며 도달한 73년간의 행로, 남과 북으로 열린 자갈 많은 십 리 길 고향의 골짜기 개골창엔 가재도 사라지고 시인도 떠난 지금, 천 년을 산다는 은행나무 아래 수류시인의 토박이 집 한 채가 그렁그렁 목구멍 가래 걸리듯 스산한 시인의 향리인 삭감말, 외롭지만 그래도 그 자리가 따사로운 수류시인의 다양한 시정 밭이기에 이제부터 그 밭에서 시를 캐보려 한다.

2. 기억을 더듬어 주는 향수

시는 보이지 않는 마음의 힘이다. 모든 사물과 만상에 이름과 의미를 부여한다. 말 못할 자리에서도 시는 울림으로 깊은 뜻을 전달한다. 하여야 할 것과 하지 말아야 할 것을 분별하는 솔직성을 대신 표현하여 마음을 보여주는 시. 대상과 나를 하나로 연결하고 융화하여 강력한 힘을 낸다.

시인의 예민한 감각은 의미를 확대한다. 귀는 열려있고 눈은 깊어 사소하고 덧없는 잡초에까지 따뜻한 연민을 보내서 시정을 밝힌다. 낯설어서 연쇄 충돌하는 의미보다는 기억을 새록새록 더듬게 하는 향수가 서려 정감을 준다. 살아온 길이만큼이나 삶에 대한 깊은 인식과 물 흐르듯 자연스레 흐르는 진술을 토하 듯 펼친다.

나는 어느 날 탈
누군가가 준 탈을 뒤집어썼다
탈은 우스꽝스럽게 생겨서
벗어버리고 싶었지만 나는 그러지 못했다
누군가가 벗겨주려니 만 여겼다

결국 나는 평생을 그 탈을 쓰고 살았다
때로 울고 웃으며
비도 눈도 맞고
밝은 햇살 아래 뛈박질도 하고
맑은 달빛아래 춤도 추면서

탈은 점점 낡아 갔고

때도 끼어서 볼품없어졌으나
어느 날 들여다본 거울 속에는 탈이 된 나
내가 된 탈이 빙그레 웃고 있었다

이제는 결코 벗어버리고 싶지 않은
벗어버릴 수 없는 탈

—〈탈〉 전문

내가 내 마음대로 하는 것이 있을까? 태어나면서 부모의 뜻대로 지어 준 이름 석 자로 부터 성장하여 법과 규칙과 윤리 도덕을 중시하며 살아온 모두가 틀 안의 삶이다. 그 틀이 탈일 것이다.

탈을 쓰고 평생을 살아왔다. 틀과 탈이 없는 자유로움을 추구했을지도 모르지만, 자유는 방종을 낳고 방종은 자유를 이용한다고 했다. 방종은 사회를 타락시키고 자신마저도 파괴한다고 했다. 그래서 자유에는 규제와 질서가 동반되어야 했다. 규제와 질서인 탈은 나를 나로 세우는 기반이었다. 평생 그 탈을 쓰고 살아오면서 어느 사이 그 탈이 된 나. 수류시인의 탈은 현실적 틀의 정신구조다.

지금도 누가 목 놓아 울면
왜 우는지는 몰라도
울컥 가슴이 죄이고 목이 멘다
핑그르르 눈물이 돈다

가슴 옥죄는 슬픔
숱하게 겪으면서 자란

눈물의 강물 속을 헤엄치듯
울면서 살아온 어린 시절
가난해서 배고프고
가난해서 추웠던
사는 게 거추장스러웠던
그래도 실낱같은 가난한 희망을
더듬어 살던 그 시절 안타까워

지금도 누가 목 놓아 울면
왜 우는지 몰라도
울컥 목이 멘다

―〈누가 목 놓아 울면〉 전문

목 놓아 운다는 것은 아픈 마음을 치유하는 가장 빠른 방법이라고 한다. 연암 선생은 '열하일기'에서 "가슴 속에 답답하게 쌓인 것을 풀어내는 데는 소리보다 빠른 것이 없고, 사람이 내는 소리 중에 울음보다 직접적인 것이 없다."라고 하였다.

울컥울컥 수류시인의 감상적 마음은 천생 시인이다. 치열하게 인생을 살아오면서 삶의 가치라는 것에 이르면 그저 목 놓아 마음 놓고 우는 것, 눈물을 흘린다는 게 자신의 나약함을 드러내는 게 아니라 풀어내는 것, 울분, 설움 모든 걸 토해내길 바란다. 그렇게 우는 모습에서 함께 울 수 있다는 마음이 건강하다. 슬픔은 눈물을 흘릴 때 치유가 된다고 했다.

햇살이 지나가는 떨림에도
그늘이 찾아오듯 꽃은 지거니

촉촉이 안개만 쌓여도
꽃은 떨어지고
질 때가 되면
바람 없이도 제 무게를 이기지 못하니

햇살이 비껴들면
생각난 것처럼
깊은 사색에 잠겨 있다 화들짝
놀란 듯이 떨어지는 꽃잎

화려했던 지난날과
아픈 오늘
내일의 바램
모두 두고 떨어진다.

그것이 꼭 슬픔일 수만은 없는
꽃이 진자리에 맺힌 멍울

—〈꽃이 진자리〉 전문

"사람 나이 참 쉽게 먹는다." 누구인가 말했다. 꽃이 피는가했더니 어느새 진다. 바람이 없는데도 제 무게에 지는 꽃잎, 꽃 진 상처에는 허공을 잡고 있는 초록 멍울이 잎이다. 살랑살랑 스치는 바람까지도 흔들어 붙잡는다. 꽃은 지면서 이미 다른 세상을 산다.

삶이란 그렇다. 어느 한순간 제자리 머물지를 않는다. 지고 나면 또 태어나고 피고 지고, 진자리의 멍울은 다시 내일을 준비한다. 회고에 젖는 자리, 가치는 절대적이지 않다. 상념에 따라 상대적이 된다. 화려했던 과거

보다는 오늘이 초라했어도 다시 내일을 기대할 수 있는 힘, 그것은 꽃이 져야 열리는 열매다. 궁극적으로 꽃보다는 열매가 소중한 것이다. 꽃이 진자리에 맺힌 멍울, 거기엔 확연히 열리는 미래의 열매가 있다.

그녀의 입을 나온 말들은
대부분 남 걱정하는 얘기들이다
제 앞도 못 가리면서 남 걱정은 왜 그리 많은지
또 왜 남들은 해결할 능력도 없는 그녀에게
시시콜콜 속내를 털어 놓는지

노란 가로등이 밤새도록
불빛을 비춰줘도 말 없는 전신주처럼
그녀는 남의 이야기를 열심히 듣고만 있다
지루한 걸 참고 있는 건지는 모르지만
다음이 궁금한 사람처럼
아이고, 그래서, 저런, 어쩜, 쯧쯧
짧은 말들로 맞장구를 쳐가며 뽕짝을 맞추면
남들은 신이 나서 비밀스런 하소연을 늘어놓는다

싫도록 남 말 들어놓고 뒤에 가선
겨우 한다는 소리가 "어쩌면 좋으니" 하고
되레 의견을 묻는 게 고작인데
멋진 해결책이라도
얻은 것처럼 의기양양해서
돌아가는 그 사람들 알다가도 모르겠다

—〈알다가도 모를 일〉 전문

털어내고 싶다. 내가 나를 알기보다는 너를 알고자

애썼던 날들, 나를 들어내 보인다 한들 얼마나 나를 알릴 수 있을까? 사는 일은 시작과 끝이 없다며 영원한 미제라고 한다. 그것은 자기를 찾고 자기를 아는 일이 숙제라는 말과 대등하다.

자기를 보는 일, 말과 말이 많고 그 말을 이으며 나가는 그 사이에는 마음 풀어 나누기 외엔 미궁이다. 모든 모습은 보이지 않으니 다시 물어볼 수밖에는 그 묻는 데서 동질감을 느껴 공감하고 스스로 해소한다. 그게 해답일 수는 있겠다.

인생살이에 정답이 없기에 누구인가 정답이라고 주입하려 말을 해대면 오히려 그 답에 속박되어 짜증이 날 것이다. 애당초 존재하지 않는 정답, 알듯 모를 듯 태어나서 태어난 곳으로 돌아가는 원형의 길엔 순수한 흙이 있을 뿐이다.

3. 시를 가슴에 담고 있는 시인

언젠가 수류시인은 집에서 컴퓨터를 사용하여 스스로 제작한 시선집을 들고 왔다. 창작학습실에서 매주 써보고 풀어보며 읽어보는 문단 중견 시인의 시를 그는 한 편도 빼지 않고 모아 시선집으로 만든 것이다. 그만큼 수류시인은 시에 대한 열정이 뜨겁다.

그런가 하면 스스로 쓴 시를 제본 편집하여 시집을 2권 만든다. 세상에 오직 2권밖에 없는 시집, 그것을 한 권은 사랑하는 아내에게 곱게 포장하여 선물하고 나머지 한 권은 보관한다.

수류시인은 매주 학습실에서 제일 먼저 자작시를 읽는다. 언제인가 어느 시인이 말했다. 먼저 읽는 것도 돌아가면서 하자고~ 그러나 수류시인처럼 당당하고 자신감 있게 발표하는 시인은 없을 정도다. 그것은 수류시인이 갖고 있는 현실체험의 깊이가 다양하고 진솔한 흔적이 부끄럽지 않기 때문일 것이다.

시를 학습하는 도서관 서가에 비치된 시집은 거의 다 탐독할 정도로 시를 사랑하고 시를 가슴에 담고 있는 시인, 고래희라는 연륜을 지나서도 몸과 마음의 자취를 선명하게 그리면서 자신의 아호 '수류'처럼 낮은 곳으로 흘러가는 시인, 열심히 살아온 사랑과 삶의 편린을 적어 놓았다고 수줍게 펴낸 1시집 '삶의 한 켠에 서서' 이후 5년 만에 다시 연작 제목으로 2집 '삶의 한 곁에 서서'를 펴내는 시인, 현실적 모순도 삶의 한 곁에 서서 바라보면 공감된다는 시인, 밤이 되어야 별을 볼 수 있듯 고요함에서 그리운 연정이 피어난다는 시인, 만남과 사랑의 연작시로 이별의 그리움과 애절한 감정을 시상에 녹이는 시인, 공연히 흥분하여 초조감과 기대감으로 달구던 청춘을 푸근하게 녹여 조용한 물살에 띄우는 시인, 고상하고 순수하며 숭고한 사랑의 길로 이끄는 시인, 언젠가 다작을 하는 이유를 시에서 말했다.

…… // 시를 쓰는 내내 / 제재(題材)를 찾고 마땅한 시어를 찾느라 / 애쓰는 내가 안쓰럽기도 하고 / 공연한 고생이라 생각될 때도 있지만 / 사람들 앞에서 시를 낭송할 때의 뿌듯함은 / 좋은 시를 썼는지 여부를 떠나 /

모래알보다 작을지라도 / 나, 아직 버젓이 살아있다는 존재감을 느끼게 한다 / 난 그 작은 것을 위하여 시를 쓰나 보다. —〈시를 쓰는 까닭은〉 중에서.

소박하고 천진한 시는 서정적 오늘을 지향하게 한다. 시는 체한 속을 풀어주는 소화제고, 소화제는 아름다운 건강을 추구하는 약이다.

수류 채남식 시선집

삶의 한 곁에 서서

초판1쇄 인쇄 · 2014년 3월 25일
초판1쇄 발행 · 2014년 3월 30일

지은이 · 채남식
펴낸이 · 윤영희
주 간 · 김길형

펴낸곳 · 도서출판 **동행**
등록번호 · 제2-4991호

주소 · 서울시 중구 충무로7길 17(을지로 3가)
편집부 · (02) 2285-0711
영업부 · (02) 338-2734
팩 스 · (02) 338-2722
이메일 · gongamsa@hanmail.net

값 12,000원

ISBN 978-89-94227-84-9 03810

* 잘못된 책은 서점에서 교환해 드립니다.